FRANKFURTER WIRTSCHAFTS-
UND SOZIALWISSENSCHAFTLICHE STUDIEN

Heft 13

Herausgegeben von der
Wirtschafts- und Sozialwissenschaftlichen Fakultät
der Johann Wolfgang Goethe-Universität
Frankfurt am Main

Untersuchungen über die Kostenabhängigkeit der Geldnachfrage

Ein dynamisches Programmierungsmodell für die Kassenhaltung

Von

Dr. Ernst Wagner

DUNCKER & HUMBLOT / BERLIN

Alle Rechte vorbehalten
© 1965 Duncker & Humblot, Berlin
Gedruckt 1965 bei Berliner Buchdruckerei Union GmbH., Berlin 61
Printed in Germany

Vorwort

Die vorliegende Arbeit wurde der Wirtschafts- und Sozialwissenschaftlichen Fakultät der Johann Wolfgang Goethe-Universität in Frankfurt am Main im Mai 1963 als Dissertation eingereicht. Sie wurde von Herrn Professor Dr. Heinz Sauermann angeregt, dem ich für seine wohlwollende Förderung besonderen Dank schulde. Desgleichen bin ich Herrn Professor Dr. Richard Herzog für tatkräftige Unterstützung zu Dank verpflichtet. Manche wertvolle Anregung habe ich während der Abfassung der Arbeit in der Diskussion mit Herrn Dr. Reinhard Selten erhalten, dem ich ebenfalls an dieser Stelle für das entgegengebrachte Interesse danken möchte.

Wiesbaden-Biebrich, im August 1964

Ernst Wagner

Inhalt

I. *Problemstellung: Die Frage einer möglichen Kostenabhängigkeit der individuellen Kassenhaltung* 9

II. *Die Grundlagen des Modells* 16

    1. Der Prozeß der Aus- und Einzahlungen 16
    2. Die Möglichkeiten der kurzfristigen Anpassung 17
    3. Eigenschaften der Kostenfunktionen 19
    4. Das Konzept der optimalen Politik 21

III. *Diskussion allgemeiner Eigenschaften der optimalen Politik* 24

    1. Die zeitliche Struktur der optimalen Politik (Das Optimalitätsprinzip) 24
    2. Die generelle Form der auf den einzelnen Stufen anzuwendenden Verhaltensregeln 27
        a) Der Einperiodenfall 28
        b) Der Mehrperiodenfall 34
        c) Der Fall unendlich vieler Perioden 40

IV. *Explizite Ermittlung der optimalen Politik für den Spezialfall eines gleichverteilten Zahlungssaldos* 52

    1. Allgemeine Vorbemerkungen 52
    2. Diskussion einiger mit der Gleichverteilung zusammenhängender Besonderheiten 53
    3. Die Ermittlung der Parameter 59
    4. Die Reaktion der Parameter auf Änderungen der Kostenkomponenten 62
    5. Interpretation der Ergebnisse 72

V. *Ausblick auf weitere Probleme* 76

Literaturverzeichnis 78

I. Problemstellung: Die Frage einer möglichen Kostenabhängigkeit der individuellen Kassenhaltung

Mit dieser Arbeit soll ein Beitrag zur Theorie der individuellen Kassenhaltung geleistet werden. Anhand eines mathematischen Modells wollen wir den Einfluß einiger Faktoren auf die Kassenhaltung untersuchen, die bislang nur unzureichende Berücksichtigung gefunden haben.

In der Geldtheorie hat man sich sehr eingehend mit der grundsätzlichen Frage auseinandergesetzt, warum es überhaupt ökonomisch sinnvoll ist, Kasse zu halten[1]. Heute beruft man sich in diesem Zusammenhang allgemein auf *Keynes*. Bekanntlich hat *Keynes* in seiner „General Theory" die Neigung der Wirtschaftssubjekte, Teile ihres Vermögens in Form von Kasse zu halten, auf drei Motive zurückgeführt. Es sind dies das Transaktionsmotiv, das Vorsichtsmotiv und das Spekulationsmotiv[2].

Die Nachfrage nach Transaktionskasse wird meist damit begründet, daß in der Regel die innerhalb einer Planungsperiode zu erwartenden Zahlungseingänge und Zahlungsausgänge nicht vollkommen synchronisiert sind, so daß eine Kassenreserve erforderlich ist, wenn trotz dieser zeitlichen Diskrepanz der Zahlungsverkehr reibungslos abgewickelt werden soll[3].

---

[1] Vgl. hierzu: *Gilbert*, J. C.: The Demand for Money: The Development of an Economic Concept, The Journal of Political Economy, Vol. LXI, April 1953, Number 2, S. 144—159.

[2] *Keynes*, John Maynard: The General Theory of Employment, Interest, and Money; London 1936, S. 170 und 194 ff.

[3] Vgl. hierzu u. a.: *Arrow*, Kenneth J.: Historical Background, in: Studies in the Mathematical Theory of Inventory and Production, by Kenneth J. Arrow, Samuel Karlin, and Herbert Scarf, with Contributions by Martin J. Beckmann, John Gessford, and Richard F. Muth, (Stanford Mathematical Studies in the Social Sciences, I), Stanford, California 1958, S. 4; *Halm*, George N.: Geld, Außenhandel und Beschäftigung; 3. Auflage, München 1957, S. 75; *Hicks*, J. R.: Value and Capital, An Inquiry into Some Fundamental Principles of Economic Theory; Second Edition, Oxford 1946 (Neudruck 1961), S. 240; *Keynes*, a. a. O., S. 195; *Patinkin*, Don: Money, Interest, and Prices, An Integration of Monetary and Value Theory; Evanston, Illinois, and White Plains, New York, 1956 (Neudruck 1962), S. 89; *Schneider*, Erich: Einführung in die Wirtschaftstheorie, III. Teil: Geld, Kredit, Volkseinkommen und Beschäftigung; 6. Auflage, Tübingen 1961, S. 78/79; *Tobin*, James: The Interest-Elasticity of Transactions Demand for Cash, The Review of Economics and Statistics, Vol. XXXVIII, August 1956, Number 3, (S. 241—247), S. 241: „In traditional explanations of the velocity of active money, the amount of cash holdings needed for a given volume of transactions is taken as determined by the institutions and conventions governing the degree of synchronization of receipts and expenditures."

I. Problemstellung: Kostenabhängigkeit der Kassenhaltung

Eine genaue Untersuchung führt jedoch zu dem Ergebnis, daß diese zeitliche Diskrepanz zwischen Aus- und Einzahlungen als solche die Kassenhaltung noch nicht hinreichend erklären kann[4]. Sofern Geldmarkttransaktionen jederzeit in Angriff genommen und ohne zeitliche Verzögerung abgewickelt werden können, ist es denkbar, daß ein Wirtschaftssubjekt seinen Zahlungsverkehr bestreitet, ohne eine Kassenreserve halten zu müssen. Es könnte sich dem zeitlichen Verlauf des Prozesses der Aus- und Einzahlungen in der Weise anpassen, daß es die aus temporären Einzahlungsüberschüssen resultierenden Kassenbeträge sofort in Wertpapieren anlegt und genau in den Zeitpunkten Kasse auf dem Geldmarkt durch Veräußerung von Wertpapieren beschafft, in denen Zahlungsdefizite zu verzeichnen sind[5].

Die geschilderte Anpassungsform hätte den Vorteil, daß jeglicher Zinsentgang (interest opportunity cost[6]), der notwendigerweise mit dem Halten von Kasse verbunden ist, vermieden würde.

Diese Argumentation macht deutlich, daß bei der ökonomischen Begründung des Haltens von Transaktionskasse etwas über die Faktoren ausgesagt werden muß, die eine totale Anpassung der oben geschilderten Art entweder unmöglich machen oder aber trotz des Zinsvorteils ökonomisch sinnlos erscheinen lassen.

In der Tat geht man häufig — ausdrücklich oder stillschweigend — von der Annahme aus, daß Geldmarkttransaktionen, wenn überhaupt, nur in gewissen Zeitabständen vorgenommen werden können[7]. In diesem Falle wird Kasse gehalten, weil aus „technischen" Gründen die Beschaffung liquider Mittel nicht im Zeitpunkt des Bedarfs und die Anlage überschüssiger Mittel nicht im Zeitpunkt ihres Anfalls erfolgen können. Wenn also von einer „technischen" oder „institutionellen" Determiniertheit der Transaktionskasse gesprochen wird, so sollte dies unseres Erachtens nicht unter Hinweis auf die Zahlungssitten, die den Grad der Synchronisierung zwischen Aus- und Einzahlungen bestimmen[8], geschehen, sondern aufgrund der Starrheiten, die eine totale Anpassung an die finanziellen Erfordernisse verhindern.

Fällt die Planungsperiode mit der Zeitspanne zusammen, in der Geldmarkttransaktionen nicht vorgenommen werden können, dann ist das Wirtschaftssubjekt gezwungen, seine finanziellen Dispositionen bereits

---

[4] *Arrow*, a. a. O., S. 5.
[5] *Arrow*, a. a. O., S. 5.
[6] *Baumol*, W. J.: The Transactions Demand for Cash: An Inventory Theoretic Approach, Quarterly Journal of Economics, LXVI, 1952, S. 545; *Samuelson* spricht von „opportunity cost of holding money" (*Samuelson*, Paul A., Foundations of Economic Analysis, Cambridge, Mass., 1947 (1961), S. 120), *Keynes* von „the relative cost of holding cash" (*Keynes*, a. a. O., S. 196).
[7] Diese Annahme wird beispielsweise von *Patinkin* gemacht (*Patinkin*, a. a. O., S. 88).
[8] Vgl. hierzu: *Arrow*, a. a. O., S. 4; *Tobin*, a. a. O., S. 241.

I. Problemstellung: Kostenabhängigkeit der Kassenhaltung

zu Beginn dieser Periode an den liquiditätsmäßigen Erfordernissen der ganzen Periode auszurichten. Diese starre Form der Kassenhaltungspolitik ist das genaue Gegenstück zur oben erwähnten totalen Anpassung. In einer solchen Situation wird nun die zu Beginn der Periode bereitzustellende Kasse sehr wesentlich durch die Reihenfolge und die individuelle Höhe der Aus- und Einzahlungen bestimmt. Bereits Karl *Schlesinger* hat gezeigt, daß bei vorgegebener Zahlungsreihe die in diesem Fall erforderliche Kassenreserve gleich ist dem Maximum, das der kumulative Saldo zwischen Aus- und Einzahlungen irgendwann innerhalb der fraglichen Planungsperiode annimmt[9].

Eine totale Anpassung erweist sich auch dann als unmöglich, wenn zwar Geldmarkttransaktionen jederzeit in Angriff genommen werden können, ihre Durchführung aber Zeit erfordert[10]. In diesem Falle kann nicht erwartet werden, daß jeder gerade anfallende, aus temporären Einzahlungsüberschüssen stammende Kassenbetrag für eine beliebig kurze Zeit in zinstragenden Papieren angelegt werden kann, um im Zeitpunkt des nächsten Zahlungsdefizits sofort wieder verfügbar zu sein. Die Zeitspanne ist unter Umständen viel zu kurz, als daß ein Kauf und eine anschließende Veräußerung solcher Papiere überhaupt technisch abgewickelt werden könnte.

Stehen hier institutionelle Starrheiten einer totalen Anpassung im Wege, so ist es andererseits denkbar, daß gerade ökonomische Überlegungen eine solche Anpassungsform, selbst wenn sie grundsätzlich möglich ist, unter Umständen nicht ratsam erscheinen lassen. Dies kann dann der Fall sein, wenn die Anpassungsmaßnahmen (Anlage und Beschaffung liquider Mittel) Kosten verursachen. Diese „transfer costs"[11] sind gegen den Zinsvorteil abzuwägen, der bei einer Anlage zeitweilig überschüssiger Mittel erzielt wird.

Unter diesen Umständen ist es offenbar sinnvoll, danach zu fragen, welche unter den grundsätzlich möglichen und alle den gleichen Grad der Zahlungsbereitschaft gewährleistenden Formen der Kassenhaltungspolitik die bei gegebener Reihe der Aus- und Einzahlungen kostengünstigste ist, d. h. welche die Summe von Zinsentgang und Transferkosten zu einem Minimum macht.

Die Kassenhaltung einer Wirtschaftseinheit ist hier nicht mehr rein institutionell bestimmt, sondern Gegenstand rationalen Verhaltens[12]. Sie erfolgt in unserem Falle nicht primär zum Zwecke der Sicherung

---

[9] *Schlesinger*, Karl: Theorie der Geld- und Kreditwirtschaft, München und Leipzig 1914, S. 81 ff. Vgl. hierzu ferner: *Stützel*, Wolfgang: Volkswirtschaftliche Saldenmechanik, Ein Beitrag zur Geldtheorie; Tübingen 1958, S. 230/231.
[10] Vgl. hierzu: *Gilbert*, a. a. O., S. 151.
[11] *Arrow*, a. a. O., S. 5.
[12] *Johnson*, Harry G.: Monetary Theory and Policy, The American Economic Review, Vol. LII, June 1962, Number 3, S. 345.

I. Problemstellung: Kostenabhängigkeit der Kassenhaltung

der Zahlungsfähigkeit, die grundsätzlich auch durch die Verfügungsmacht über jederzeit liquidierbare „assets" gegeben ist[13], sondern ist Begleiterscheinung einer Anpassungsform, die gegenüber der jeden Zinsentgang vermeidenden totalen Anpassung Kostenvorteile bietet.

Eine modelltheoretische Behandlung des Problems der kostenminimalen Kassenhaltungspolitik findet sich zum ersten Mal bei *Baumol*[14]. Der *Baumol*sche Beitrag ist nicht zuletzt deshalb von Interesse, weil hier erstmals auf eine Verwandtschaft zwischen Kassenhaltungs- und Lagerhaltungsproblemen hingewiesen wird[15]. In einem ersten Ansatz versucht *Baumol* zunächst nichts anderes als „to apply one well-known result in inventory control analysis to the theory of money"[16]. Es handelt sich dabei um die aus der Lagerhaltungstheorie bekannte Formel für die optimale Bestellmenge[17]. *Baumol* betrachtet eine Situation, die dadurch charakterisiert ist, daß Auszahlungen in Form eines gleichförmigen kontinuierlichen Stromes vorzunehmen sind, während von Einzahlungen zunächst abstrahiert wird. Unter der Annahme, daß die Transferkosten von der Höhe der jeweiligen Beschaffungsmenge unabhängig sind, gelangt *Baumol* zu der bekannten Formel für die optimale Bestellmenge, aus der hervorgeht, daß die kostengünstigste Menge, zu der Kasse in äquidistanten Zeitpunkten beschafft wird, proportional zur Quadratwurzel der pro Zeiteinheit erforderlichen Auszahlungen und umgekehrt proportional zur Quadratwurzel des Zinssatzes ist[18].

Baumol betrachtet dann eine Situation, in der auch Einzahlungen erfolgen, die jedoch im Gegensatz zu den Auszahlungen in diskreten äquidistanten Zeitpunkten auftreten und zudem den Auszahlungen vorausgehen. In diesem Falle ist vor allem die Frage von Interesse, unter welchen Bedingungen eine temporäre Anlage von Kassenbeständen, die aus Einzahlungen resultieren und für spätere Auszahlungen zu verwenden sind, per Saldo überhaupt einen Kostenvorteil bietet. Dieses Problem ist dann unter den gleichen Modellvoraussetzungen besonders eingehend von *Tobin* behandelt worden[19].

---

[13] „The failure of receipts and expenditures to be perfectly synchronized certainly creates the need for transactions balances. But it is not obvious that these balances must be cash." (Tobin, a. a. O., S. 241.)
[14] *Baumol*, a. a. O.
[15] *Baumol* spricht bezeichnenderweise von „an inventory theoretic approach" (a. a. O., S. 545).
[16] *Baumol*, a. a. O., S. 545.
[17] Vgl. hierzu insbesondere: *Whitin*, Thomson M.: The Theory of Inventory Management, Princeton, New Jersey, Second Edition, 1957, S. 30 ff. sowie die dort angegebene Literatur.
[18] *Baumol*, a. a. O., S. 547.
[19] *Tobin*, a. a. O.; vgl. hierzu ferner: Thomas F. *Dernburg* and Duncan M. *McDougall*: Macro-Economics, The Measurement, Analysis, and Control of Aggregate Economic Activity; New York-Toronto-London 1960, S. 108/109.

I. Problemstellung: Kostenabhängigkeit der Kassenhaltung

Die Untersuchungen, die sich bisher mit der Frage einer möglichen Kostenabhängigkeit der individuellen Kassenhaltung befaßt haben, beschränken sich im wesentlichen auf den Teil der Kasse, der mit den laufenden Transaktionen bei vollkommener Information in Verbindung gebracht wird. Es stellt sich jedoch die Frage, ob nicht darüber hinaus auch die aus Vorsichtsgründen gehaltene Kasse durch Kostenfaktoren bestimmt sein kann.

Die Erwähnung des Vorsichtsmotivs bei der Erklärung des Kassenbedarfs erfolgt meist unter Hinweis auf die unvollkommene Information hinsichtlich Zeitpunkt und Höhe künftiger Aus- und Einzahlungen[20]. Eine genauere Betrachtung führt jedoch zu dem Ergebnis, daß die unvollkommene Information als solche einen Kassenbedarf noch nicht hinreichend erklären kann[21]. Solange Geldmarkttransaktionen jederzeit und ohne zeitliche Verzögerung vorgenommen werden können, ist es denkbar, daß sich eine Unternehmung auch an nicht vollkommen vorhersehbare Ereignisse im Zeitpunkt ihrer Realisierung gleichsam uno actu anpaßt. So könnte beispielsweise ein Zahlungsdefizit, das in dieser Höhe oder zu diesem Zeitpunkt nicht erwartet wurde, aufgrund der angenommenen unendlich großen Reaktionsgeschwindigkeit durch Kasse abgedeckt werden, die im Zeitpunkt des Auftretens dieses Defizits ohne Verzögerung ad hoc beschafft wird.

Erst die Tatsache, daß die Beschaffung zusätzlicher Kasse entweder nur zu bestimmten Zeitpunkten möglich ist oder aber, selbst wenn sie jederzeit in Angriff genommen werden kann, eine gewisse Zeit erfordert, läßt eine Kassenhaltung sinnvoll erscheinen[22]. Erst hier kommt einer Kassenreserve die Bedeutung zu, eine wenn auch nur temporäre Zahlungsunfähigkeit zu vermeiden.

Solange eine solche Zahlungsunfähigkeit nicht auf eine unzureichende Versorgung mit finanziellen Reserven (liquidierbare „assets", Möglichkeiten der Kreditaufnahme) zurückzuführen ist, sondern lediglich das Zeitmoment bei der Durchführung von Geldmarkttransaktionen widerspiegelt, wird sie meist nicht zum Ruin des Unternehmens führen. Jedoch wird die Verzögerung in der Erfüllung von Zahlungsverpflichtungen gewisse Nachteile mit sich bringen, die beim Vorhandensein einer entsprechenden Kassenreserve vermieden würden.

Die bisherigen modelltheoretischen Ansätze zur exakten Bestimmung der aus Vorsichtsgründen gehaltenen Kasse beziehen sich auf stochastische Situationen, d. h. auf Situationen, in denen etwa die Zahlungstermine oder die Höhe der erforderlich werdenden Zahlungen ge-

---

[20] Vgl. hierzu u. a.: *Hicks*, a. a. O., S. 240/241, *Keynes*, a. a. O., S. 196, *Patinkin*, a. a. O., S. 89, *Schneider*, a a. O., S. 79/80.
[21] *Arrow*, a. a. O., S. 7, *Gilbert*, a. a. O., S. 151.
[22] *Gilbert*, a. a. O., S. 151.

wissen Zufallsgesetzen im Sinne der Wahrscheinlichkeitstheorie unterworfen sind. Gemeinsam ist diesen Ansätzen, daß von Kostenüberlegungen vollkommen abstrahiert und das zu lösende Problem darin gesehen wird, diejenige Kasse zu ermitteln, bei der die Wahrscheinlichkeit für das Eintreten einer Zahlungsunfähigkeit innerhalb der Periode, in der zusätzliche Mittel nicht beschafft werden können, eine irgendwie als tragbar empfundene Höhe nicht überschreitet. So gesehen erweist sich das Liquiditätsproblem in einer stochastischen Situation als ein Anwendungsfall des aus der Wahrscheinlichkeitstheorie bekannten Ruinproblems[23].

Edgeworth hat bereits im Jahre 1888 das Liquiditätsproblem, das den Banken aus der Unterhaltung von Depositen entsteht, unter diesem Gesichtspunkt behandelt[24]. Aus der neueren Literatur ist in diesem Zusammenhang das stochastische Liquiditätsmodell von *Patinkin* und *Dvoretzky* zu nennen[25]. Im letzteren Fall wird eine Zahlungsreihe untersucht, bei der die Reihenfolge, in der die Aus- und Einzahlungen stattfinden, einem bestimmten Zufallsmechanismus unterliegt.

Bei der Behandlung des Kassenhaltungsproblems als Ruinproblem kommt es letztlich nur auf die Ermittlung der Wahrscheinlichkeitsverteilung der Größe an, die für den tatsächlichen Kassenbedarf der fraglichen Periode maßgebend ist. Im *Edgeworth*'schen Modell ist dies die Höhe der von den Bankkunden insgesamt geforderten Beträge, bei *Patinkin* und *Dvoretzky* das Maximum, das der kumulative Saldo der Zahlungsreihe irgendwann innerhalb der Periode annimmt. Ist diese Wahrscheinlichkeitsverteilung ermittelt, dann läßt sich ohne weiteres die Höhe der Kassenreserve angeben, bei der die Wahrscheinlichkeit für eine Zahlungsunfähigkeit das vorgegebene Maß nicht überschreitet.

Die Orientierung an einer starr vorgegebenen Wahrscheinlichkeit für die Illiquidität erscheint dann sinnvoll, wenn die Nachteile, die aus einer temporären Zahlungsunfähigkeit resultieren, nicht ohne weiteres konkret angegeben werden können, wie dies etwa bei einer Beeinträchtigung des „good will" der Fall ist. Anders liegen die Dinge dann,

---

[23] Vgl. hierzu: *Feller*, William: An Introduction to Probability Theory and Its Applications, Volume I, Second Edition, New York and London 1957, Chapter XIV, S. 311 ff.
Dieses Problem hat im Zusammenhang mit der Frage der Ruinwahrscheinlichkeit von Versicherungsunternehmen besondere Bedeutung erlangt. Vgl. hierzu: *Cramér*, Harald: Collective Risk Theory, A Survey of the Theory from the Point of View of the Theory of Stochastic Processes; Skandia Insurance Company, 1955; *Schmetterer*, Leopold: Die Risikotheorie in der Versicherungsmathematik, Statistische Vierteljahresschrift, Band IX, 1956, Heft 1 S. 1—15 und Heft 2 S. 47—63.

[24] F. Y. *Edgeworth*, Esq., M. A.: The Mathematical Theory of Banking, Journal of the Royal Statistical Society, Vol. LI, Part I, March 1888, S. 113 bis 127.

[25] *Patinkin*, a. a. O., S. 90 ff., sowie Appendix to Chapter VII by Aryeh Dvoretzky, S. 327—332.

I. Problemstellung: Kostenabhängigkeit der Kassenhaltung

wenn die Folgen der Zahlungsunfähigkeit genau erfaßbar sind. Hierfür können etwa Verzugszinsen als typisches Beispiel angeführt werden. Betrachten wir diesen Fall näher. Da sich in einer stochastischen Situation eine Kassenreserve ex post als zu niedrig, möglicherweise aber auch als zu hoch erweisen kann, besteht hier somit einerseits das Risiko der Entstehung von Verzugszinsen wegen unzureichender Kasse, andererseits das Risiko eines Zinsentgangs infolge überflüssiger Kassenreserven. Diese gedankliche Gegenüberstellung von Verzugszinsen und Zinsentgang läßt die Möglichkeit erkennen, sich auch bei der Festsetzung der aus Vorsichtsgründen zu haltenden Kasse von Kostenüberlegungen leiten zu lassen.

Die Behandlung des in einer stochastischen Situation gestellten Kassenhaltungsproblems unter diesem Gesichtspunkt ist zwar in jüngster Zeit von *Arrow* angeregt, aber unseres Wissens bislang noch nicht durchgeführt worden. *Arrow* geht von dem *Baumol*schen Gedanken aus, daß „inventory theory and monetary theory can learn from one another"[26], und schlägt vor, das aus der Lagerhaltungstheorie bekannte Konzept der „penalty costs" auch für die Geldtheorie nutzbar zu machen[27]. Unter „penalty costs" versteht man in der Lagerhaltungstheorie solche Kosten, die aus einer unzureichenden Versorgung mit Lagerbeständen resultieren. Darunter fallen beispielsweise die zusätzlichen Kosten einer beschleunigten nachträglichen Beschaffung oder der Gewinnentgang, der sich aus der Abwanderung potentieller Käufer ergibt[28]. Die geldtheoretische Interpretation der „penalty costs" führt zu den Verzugszinsen, wie wir sie oben eingeführt haben.

Nach dem oben Gesagten erscheint es sinnvoll, danach zu fragen, wie in einer bestimmten stochastischen Situation diejenige Kassenhaltungspolitik beschaffen ist, die die Summe der Erwartungswerte von Zinsentgang und Verzugszinsen zu einem Minimum macht. Bei dem im folgenden entwickelten Modell gehen wir insofern über diese Fragestellung hinaus, als wir zusätzlich noch die Transferkosten einführen und ihre Wirkung auf die optimale Kassenhaltungspolitik untersuchen. Eine weitere Verallgemeinerung erfährt das gestellte Problem dadurch, daß wir eine Situation betrachten, in der für mehrere zeitlich aufeinanderfolgende Stufen Verhaltensregeln gefunden werden müssen, die in ihrer Gesamtheit die optimale Politik darstellen. Damit reduziert sich unsere Aufgabe rein formal gesehen auf ein dynamisches Programmierungsproblem.

---

[26] *Baumol*, a. a. O., S. 545.
[27] *Arrow*, a. a. O., S. 7.
[28] Vgl. hierzu: Kenneth J. *Arrow*, Samuel *Karlin*, and Herbert *Scarf;* The Nature and Structure of Inventory Problems, in: Studies in the Mathematical Theory of Inventory and Production, a. a. O., S. 21 ff.

II. Die Grundlagen des Modells

1. Der Prozeß der Aus- und Einzahlungen

Der von der Unternehmung ins Auge gefaßte Planungszeitraum umfasse eine bestimmte Anzahl von Teilperioden, in denen jeweils eine Zahlung zu leisten ist und andererseits ein Zahlungseingang erfolgt. Die Höhe des Auszahlungs- sowie des Einzahlungsbetrages einer Teilperiode liege jedoch nicht von vorneherein fest. Diese Beträge seien vielmehr Zufallsvariable, die durch bestimmte Verteilungsfunktionen charakterisiert sind. Wir wollen annehmen, daß zwischen Auszahlungen und Einzahlungen stochastische Unabhängigkeit besteht.

In jeder Teilperiode sollen die gleichen Bedingungen gelten. Der Auszahlungsbetrag genüge in jeder Teilperiode der gleichen Verteilungsfunktion, die von den in den vergangenen Perioden realisierten Zahlungsgrößen unabhängig ist. Dasselbe gelte für den Einzahlungsbetrag.

Wesentlich für unsere weiteren Überlegungen sind die in den einzelnen Teilperioden entstehenden Salden. Wir wollen an dieser Stelle vereinbaren, daß wir künftig Auszahlungsbeträge mit einem positiven und Einzahlungsbeträge mit einem negativen Vorzeichen versehen[1]. Der Saldo einer Periode stellt dann die Summe zweier Zufallsvariablen dar und ist mithin selbst eine Zufallsvariable. Ein positiver Saldo bedeutet gemäß der oben getroffenen Vereinbarung, daß die Auszahlungen dem Betrage nach höher sind als die Einzahlungen. Umgekehrt weist ein negativer Saldo darauf hin, daß ein Überschuß der Einzahlungen über die Auszahlungen zu verzeichnen ist.

Aus dem bisher Gesagten ergibt sich, daß die Zahlungssalden eine Folge von stochastisch unabhängigen und identisch verteilten Zufallsvariablen darstellen.

Wir wollen im folgenden den Zahlungssaldo mit s und die Verteilungsdichte mit $\varphi(s)$ bezeichnen[2]. Was die Eigenschaften von $\varphi(s)$ betrifft, so sei vorläufig angenommen, daß es sich um eine Verteilung handelt, die für alle s größer als Null und stetig ist und deren Erwartungswert existiert und gleich Null ist. Die Verteilung sei symmetrisch zum Nullpunkt.

---

[1] So auch *Patinkin* (a. a. O., S. 90/91).
[2] Sofern es auf eine Unterscheidung der einzelnen Stufen ankommt, werden wir uns der Schreibweise s_i (i = 1, 2, ..., n) bedienen.

Es sei in diesem Zusammenhang auf eine Eigenschaft der Saldenfolge hingewiesen, die sich aus unseren Annahmen ergibt und die für das Verständnis der folgenden Ausführungen von gewisser Bedeutung ist. Wegen der stochastischen Unabhängigkeit und der Identität der Verteilungen ist das starke Gesetz der großen Zahl erfüllt, d. h. es ist

(2.1) $$P\left\{\lim_{n\to\infty} \eta_n = M\right\} = 1,$$

wobei $$\eta_n = \frac{1}{n}\sum_{k=1}^{n} s_k$$

und $$M = \int_{-\infty}^{\infty} s\varphi(s)ds = 0.\ ^{3)}$$

Dies ist bekanntlich gleichbedeutend damit, daß die Folge $\left\{\sup_{m\geq n}|\eta_m - M|\right\}$, $n=1,2,..$, stochastisch gegen Null konvergiert, also

(2.2) $$\lim_{n\to\infty} P\left\{\sup_{m\geq n}|\eta_m - M| \geq \varepsilon\right\} = 0,$$

$\varepsilon > 0$ beliebig gegeben[4].

Das bedeutet nicht nur, daß der auf die Periodenzahl bezogene Durchschnitt der Salden bei wachsender Periodenzahl dem Erwartungswert des Periodensaldos mit großer Wahrscheinlichkeit sehr nahe kommt, sondern auch, daß der absolute Betrag der Differenz beider Größen von einem bestimmten Zeitpunkt an mit hoher Wahrscheinlichkeit eine bestimmte vorgegebene Schranke nicht mehr überschreitet. „Auf lange Sicht" erfolgt also ein Ausgleich der kurzfristig zu verzeichnenden und auf Zufallsabweichungen beruhenden Diskrepanzen zwischen Aus- und Einzahlungen.

2. Die Möglichkeiten der kurzfristigen Anpassung

Der Aktionsspielraum der Unternehmung hinsichtlich kurzfristiger Anpassungen sei dadurch gekennzeichnet, daß zu Beginn einer jeden Teilperiode — und *nur* zu diesen Zeitpunkten — die aus der jeweiligen Vorperiode übernommene Kasse (Anfangsausstattung) durch geeignete finanzielle Transaktionen den Erfordernissen angepaßt werden kann. Die Tatsache, daß finanzielle Transaktionen nur zu festen äquidistanten Zeitpunkten durchführbar sind, liege in irgendwelchen Gepflogenheiten auf dem Geldmarkt begründet. Die Teilperioden können

---
[3] Vgl. hierzu *Rényi*, A.: Wahrscheinlichkeitsrechnung. Mit einem Anhang über Informationstheorie. Berlin 1962, S. 332.
[4] Vgl. hierzu: *Rényi*, a. a. O., S. 330.

hier etwa als Tage aufgefaßt werden. Die in unserem Zusammenhang in Frage kommenden Maßnahmen umfassen die Beschaffung liquider Mittel durch Verkauf von Wertpapieren und die Anlage liquider Mittel durch Kauf von Wertpapieren.

Die aus der jeweiligen Vorperiode übernommene Kasse ergibt sich aus den in den zurückliegenden Perioden realisierten Salden, den zu Beginn dieser Perioden erfolgten Anpassungsmaßnahmen und der zum Zeitpunkt Null vor einer eventuell vorzunehmenden Transaktion verfügbaren Anfangsausstattung mit Kasse.

Die zu Beginn einer Periode bereitgestellte Kasse ergibt sich aus der von der Vorperiode übernommenen Kasse durch Hinzunahme der neu beschafften bzw. durch Abzug der in Wertpapieren angelegten liquiden Mittel.

Da finanzielle Maßnahmen nur zu Beginn einer Periode vorgenommen werden können, ist die Unternehmung mit der Entscheidung für eine bestimmte Kassenreserve in *dieser* Periode liquiditätsmäßig festgelegt. Aufgrund der stochastischen Natur der Zahlungsgrößen können aber über den tatsächlichen Kassenbedarf, der vom realisierten Zahlungssaldo abhängt, erst ex post eindeutige Aussagen gemacht werden. Mit bestimmten Wahrscheinlichkeiten, die von der Verteilungsfunktion des Saldos und von der Höhe der Kassenreserve abhängen, können folgende Fälle eintreten:

(1) Die bereitgestellte Kasse kann sich in ihrer Höhe als nicht ausreichend erweisen, nämlich dann, wenn der erforderlich werdende Auszahlungsbetrag die eingehenden Zahlungen um mehr übersteigt, als diese Kassenreserve ausmacht.

(2) Die Kasse kann zu hoch sein, was der Fall ist, wenn die Auszahlungen die Einzahlungen nur um einen Betrag übersteigen, der geringer als die Kassenreserve ist.

(3) Schließlich kann der Fall eintreten, daß sich eine Kassenreserve, gleich welcher Höhe, für die fragliche Periode insofern als völlig überflüssig erweist, als infolge des Überwiegens der Einzahlungen gegenüber den Auszahlungen keine Kassenzuschüsse zur reibungslosen und termingerechten Abwicklung des Zahlungsverkehrs erforderlich waren.

Die im Fall (1) verbleibenden Restschulden müssen zu Beginn der folgenden Periode durch ad hoc beschaffte Mittel beglichen werden. In den beiden anderen Fällen wird ein Kassenrestbestand in die nächste Periode übernommen.

Damit ist angedeutet, wie sich das Zusammenwirken zwischen dem Prozeß der Aus- und Einzahlungen und den Anpassungsmaßnahmen der Unternehmung grundsätzlich vollzieht.

Wir wollen die aus der jeweiligen Vorperiode übernommene Kasse mit x_i, die nach erfolgter Anpassung verfügbare Kasse mit y_i bezeichnen. Dann ergibt sich für die Anfangsausstattung einer Periode:

(2.3) $$x_i = \max(y_{i-1} - s_{i-1}, 0).$$

Bezeichnen wir die zum Zwecke der Korrektur der Anfangsausstattung auf dem Geldmarkt umgesetzten Beträge mit z_i, dann ist

(2.4) $$z_i = y_i - x_i,$$

wobei $y_i, x_i \geq 0$.

Das Vorzeichen von z_i gibt die Art oder die „Richtung" der finanziellen Maßnahme an. Im Falle einer Beschaffung von Kasse ist $z_i > 0$, während ein negatives z_i darauf hindeutet, daß aus der Anfangsausstattung der Betrag $|z_i|$ in Wertpapieren angelegt wird. Ist $z_i = 0$, so bedeutet dies, daß keine finanzielle Maßnahme vorgenommen wird.

Die nachträglich zu begleichenden Restschulden einer Periode belaufen sich auf

(2.5) $$\max(s_i - y_i, 0).$$

3. Eigenschaften der Kostenfunktionen

Wir wollen annehmen, daß Geldmarkttransaktionen mit gewissen Transferkosten verbunden sind. Sowohl bei der Beschaffung als auch bei der Anlage liquider Mittel seien diese Kosten proportional zum umgesetzten Betrag. Bezeichnen wir die Kosten der Beschaffung einer Geldeinheit mit c_1 und die der Anlage einer Geldeinheit mit c_2, so ergibt sich für die Kosten, die bei der Korrektur der jeweiligen Anfangsausstattung entstehen:

(2.6) $$w(y_i, x_i) = \begin{cases} c_1(y_i - x_i) & \text{für } y_i > x_i, \\ 0 & \text{für } y_i = x_i, \\ c_2(x_i - y_i) & \text{für } y_i < x_i. \end{cases}$$

c_1 und c_2 sind stets nicht negativ und im allgemeinen voneinander verschieden.

Die Kosten der nachträglichen Beschaffung von liquiden Mitteln zur Begleichung von Restschulden betragen

(2.7) $$c_1 \cdot \max(s_i - y_i, 0).$$

Für den Teil der zu Beginn der i-ten Periode bereitgestellten Kasse (y_i), der sich ex post, d. h. aufgrund des realisierten Zahlungssaldos, als überschüssig erweist, gehe ein Zinsentgang in den Kostenkalkül ein. Be-

II. Die Grundlagen des Modells

zeichnen wir den pro Teilperiode berechneten Zinssatz mit h, wobei h stets nicht negativ ist, so ergibt sich für eine Periode ein Zinsentgang von

$$(2.8) \qquad u(y_i, s_i) = \begin{cases} h(y_i - \max(s_i, 0)) & \text{für } y_i > s_i, \\ 0 & \text{für } y_i \leq s_i. \end{cases}$$

Reicht die Kassenreserve y_i nicht aus, so daß nachträglich liquide Mittel beschafft werden müssen, dann entstehen nicht nur Transferkosten; darüber hinaus sind, so wollen wir annehmen, wegen der Verzögerung in der Begleichung der Schulden Verzugszinsen zu zahlen. Wir wollen den Verzugszinssatz mit π bezeichnen, wobei π stets nicht negativ ist. Die Gesamtkosten der verzögerten Anpassung betragen somit pro Einheit des ungedeckten Zahlungsdefizits:

$$(2.9) \qquad p = c_1 + \pi.$$

Pro Teilperiode belaufen sich diese Kosten auf:

$$(2.10) \qquad v(y_i, s_i) = \begin{cases} p(s_i - y_i) & \text{für } s_i > y_i, \\ 0 & \text{für } s_i \leq y_i. \end{cases}$$

Es entspricht durchaus der Realität, wenn wir annehmen, daß die Verzugszinsen (π) nicht kleiner sind als die normalen Zinsen (h). Dann ist aber a fortiori

$$(2.11) \qquad p = c_1 + \pi \geq h.$$

Aus (2.8) und (2.10) ist ersichtlich, daß der Zinsentgang und die Kosten der verzögerten Anpassung gewissermaßen alternativ auftreten, je nachdem, ob wir es mit einem Kassenüberschuß oder mit einem ungedeckten Zahlungsdefizit zu tun haben.

Aus (2.6), (2.8) und (2.10) ergibt sich für die Gesamtkosten einer Periode:

$$(2.12) \qquad K(x_i, y_i, s_i) = \begin{cases} w(y_i, x_i) + h(y - \max(s_i, 0)), & y_i > s_i, \\ w(y_i, x_i), & y_i = s_i, \\ w(y_i, x_i) + p(s_i - y_i), & y_i < s_i. \end{cases}$$

Und für den Erwartungswert erhalten wir bei festem x_i:

$$(2.13) \qquad L_1(y_i, x_i) = \underset{s}{E}\{K(x_i, y_i, s)\} =$$

$$= w(y_i, x_i) + h \int_0^{y_i} (y_i - s)\varphi(s)ds +$$

$$+ hy_i \int_{-\infty}^{0} \varphi(s)ds + p \int_{y_i}^{\infty} (s - y_i)\varphi(s)ds.$$

4. Das Konzept der optimalen Politik

Ziel unserer Untersuchungen ist die Ermittlung derjenigen Politik, die den Erwartungswert der Summe der auf den Planungszeitpunkt abgezinsten Kosten eines eine bestimmte Anzahl von Perioden umfassenden Planungszeitraums zu einem Minimum macht.

Da in jeder der aufeinanderfolgenden Perioden eine Entscheidung über die Höhe der bereitzustellenden Kasse (y_i) getroffen werden muß, haben wir es hier mit einem mehrstufigen Entscheidungsprozeß (multistage decision process) zu tun. Von ausschlaggebender Bedeutung ist hierbei die in (2.3) zum Ausdruck kommende Interdependenz der Zustände in ihrer Auswirkung auf die Kosten der einzelnen Perioden.

Zur Lösung eines solchen mehrstufigen Entscheidungsproblems bietet sich die in jüngster Zeit entwickelte Methode des dynamischen Programmierens an, die auf dem Gebiete der Produktion und der Lagerhaltung bereits vielseitige Anwendung gefunden hat[5].

In einer stochastischen Situation wie der vorliegenden ist zunächst nicht klar, was unter der den Erwartungswert der Kosten minimieren-

---

[5] Vgl. hierzu u. a.: K. J. *Arrow*, T. *Harris*, and J. *Marschak:* Optimal Inventory Policy, Econometrica, Vol. 19, Number 3, July 1951, S. 250—272; *Arrow, Karlin, Scarf,* a. a. O., Part III: Optimal Policies in Stochastic Inventory Processes, S. 109—219; Martin *Beckmann:* An Inventory Model for Arbitrary Interval and Quantity Distributions of Demand, Management Science, Vol. 8, Number 1, October 1961, S. 35—57; R. *Bellman,* J. *Glicksberg,* and O. *Gross:* On the Optimal Inventory Equation, Management Science, Vol. 2, Number 1, 1955, S. 83—104; Richard *Bellman:* Dynamic Programming, Princeton, New Jersey, 1957; Richard *Bellman:* Adaptive Control Processes: A Guided Tour, Princeton, New Jersey, 1961; Richard *Bellman* and Stuart E. *Dreyfus:* Applied Dynamic Programming, Princeton, New Jersey, 1962; Stuart E. *Dreyfus:* Dynamic Programming, in: Progress in Operations Research, Vol. I, edited by Russel L. Ackoff (Publications in Operations Research, Number 5), New York-London 1961, S. 211—242; A. *Dvoretzky,* J. *Kiefer,* and J. *Wolfowitz:* The Inventory Problem: I. Case of Known Distributions of Demand, Econometrica, Vol. 20, Number 2, April 1952, S. 187—222; A. *Dvoretzky,* J. *Kiefer,* and J. *Wolfowitz:* The Inventory Problem: II. Case of Unknown Distributions of Demand, Econometrica, Vol. 20, Number 3, 1952, S. 450—466; Charles C. *Holt,* Franco *Modigliani,* John F. *Muth,* and Herbert A. *Simon:* Planning Production, Inventories, and Work Force; Englewood Cliffs, N. J., 1960; Chapter 6, S. 122—130; Ronald A. *Howard:* Dynamic Programming and Markov Processes, New York-London 1960; Samuel *Karlin:* Dynamic Inventory Policy with Varying Stochastic Demands, Management Science, Vol. 6, Number 3, April 1960, S. 231—258; Wilhelm *Kromphardt,* Rudolf *Henn* und Karl *Förstner:* Lineare Entscheidungsmodelle, Berlin-Göttingen-Heidelberg, 1962, 11. Kapitel, S. 424 ff.; Vera *Riley* and Saul I. *Gass:* Linear Programming and Associated Techniques, A Comprehensive Bibliography on Linear, Nonlinear, and Dynamic Programming; Chevy Chase, Maryland, 1958; Maurice *Sasieni,* Arthur *Yaspan* und Lawrence *Friedman:* Methoden und Probleme der Unternehmensforschung, Würzburg, 1962, Kapitel 10, S. 275—301; Andrew *Vazsonyi:* Scientific Programming in Business and Industry, New York, 1958, Chapter 8, S. 219—254.

den Politik verstanden werden soll[6]. Das Ziel könnte darin bestehen, diejenigen Werte y_i ($i = 1, 2, .., n$) zu ermitteln, die die Funktion

(2.14) $$L_n(x_1; y_1, y_2, \ldots, y_n) = \underset{\substack{s_i \\ (i=1,2,..n)}}{E} \left\{ \sum_{i=1}^{n} a^{i-1} K(x_i, y_i, s_i) \right\}$$

zu einem Minimum machen, wobei

$$x_i = \max(y_{i-1} - s_{i-1}, 0), \quad i = 2, 3, \ldots, n,$$
$$x_1 = \text{const.}$$

und a den Abzinsungsfaktor darstellt. In diesem Fall würden wir n reelle Zahlen als Lösung erhalten[7].

Das Problem ist sachlich und formal ein völlig anderes, wenn unter der optimalen Politik eine Gesamtheit von Verhaltensregeln verstanden wird, die dadurch charakterisiert sind, daß auf jeder Stufe die Entscheidung von dem tatsächlichen Verlauf des Prozesses während der abgelaufenen Perioden abhängig gemacht wird. Die angestrebten Zustände y_i werden danach als Funktionen der bisherigen Ereignisse und Maßnahmen betrachtet. Nun hat aber die Kostenfunktion

$$\sum_{i=1}^{n} a^{i-1} K(x_i, y_i, s_i)$$

die sogenannte Markoff-Eigenschaft, d. h. die Vergangenheit des Prozesses hat auf die Kosten der noch bevorstehenden Perioden nur Einfluß über den jeweiligen *Endzustand* (x_i), der aus den bisherigen Ereignissen und Maßnahmen resultiert[8]. Wenn also die Vergangenheit des Prozesses bei der Entscheidung auf einer bestimmten Stufe berücksichtigt werden soll, so genügt es, die auf der fraglichen Stufe bestehende Ausgangssituation in Betracht zu ziehen. Die Verhaltensregeln sind dann Funktionen, die jeder möglichen Ausgangssituation x_i die zu realisierende Größe y_i zuordnen[9].

---

[6] Vgl. hierzu: *Bellman:* Adaptive Control Processes, a. a. O., S. 154/155; *Bellman* and *Dreyfus;* Applied Dynamic Programming, a. a. O., S. 258/259; Richard *Bellman:* A Mathematical Formulation of Variational Processes of Adaptive Type, in: Proceedings of the Fourth Berkeley Symposium on Mathematical Statistics and Probability, Vol. I: Contributions to the Theory of Statistics; edited by Jerzy Neyman, Berkeley and Los Angeles, 1961 (S. 37—48), S. 39/40.

[7] Vgl. hierzu: *Bellman:* Adaptive Control Processes, a. a. O., S. 154; *Bellman* und *Dreyfus:* Applied Dynamic Programming, a. a. O., S. 259.

[8] Vgl. hierzu: *Bellman:* Adaptive Control Processes, a. a. O., S. 54.

[9] *Bellman:* Adaptive Control Processes, a.a.O., S. 154; *Bellman* und *Dreyfus:* Applied Dynamic Programming, a. a. O., S. 259.

4. Das Konzept der optimalen Politik

Das Ziel besteht in diesem Fall also darin, n Funktionen $y_i(x_i)$, $i = 1, 2, \ldots, n$, zu finden, die die Funktion

(2.15)
$$L_n(x_1; y_1(x_1), y_2(x_2), \ldots, y_n(x_n)) =$$
$$= \underset{\substack{s_i \\ (i=1,2,\ldots,n)}}{E} \left\{ \sum_{i=1}^{n} \alpha^{i-1} K(x_i, y_i(x_i), s_i) \right\}$$

zu einem Minimum machen.

Wir werden in den folgenden Ausführungen von dieser zweiten Konzeption einer optimalen Politik ausgehen.

III. Diskussion allgemeiner Eigenschaften der optimalen Politik

1. Die zeitliche Struktur der optimalen Politik (Das Optimalitätsprinzip)

Wir wollen zunächst etwas über die Beziehungen aussagen, die zwischen den auf den einzelnen Stufen anzuwendenden Verhaltensregeln bestehen. Führen wir zunächst eine neue Bezeichnung ein. Es sei

$$(3.1) \qquad f_n(x_1) = \operatorname*{Min}_{y_i(x_i)} \operatorname*{E}_{s_i} \left\{ \sum_{i=1}^{n} a^{i-1} K(x_i, y_i(x_i), s_i) \right\}$$
$$(i = 1, 2, \ldots, n)$$

wobei

$$x_i = \max(y_{i-1} - s_{i-1}, 0) \quad \text{für } i = 2, 3, \ldots, n$$

und

$$x_1 = \text{const.}$$

$f_n(x_1)$ ist also der Erwartungswert der Kosten von n Perioden, wenn die in unserem Sinne optimale Politik zur Anwendung gelangt und x_1 die Anfangsausstattung ist. Dafür können wir aber auch schreiben:

$$(3.2) \qquad f_n(x_1) = \operatorname*{Min}_{y_i(x_i)} \left\{ \operatorname*{E}_{s_1} \left\{ K(x_1, y_1(x_1), s_1) \right\} + \right.$$
$$(i=1,2,\ldots,n)$$
$$\left. + \operatorname*{E}_{s_i} \left\{ \sum_{i=2}^{n} a^{i-1} K(x_i, y_i(x_i), s_i) \right\} \right\}$$
$$(i=1,2,\ldots,n)$$

oder aufgrund der in (2.15) eingeführten Schreibweise

$$(3.3) \qquad f_n(x_1) = \operatorname*{Min}_{y_i(x_i)} \left\{ L_1(x_1, y_1(x_1)) + \right.$$
$$(i=1,2,\ldots,n)$$
$$\left. + a \operatorname*{E}_{s_1} \left\{ L_{n-1}(x_2, y_2(x_2), \ldots, y_n(x_n)) \right\} \right\}$$

1. Struktur der optimalen Politik (Das Optimalitätsprinzip)

oder:

(3.4)
$$f_n(x_1) = \operatorname*{Min}_{y_1(x_1)} \left\{ L_1(x_1, y_1(x_1)) + \right.$$
$$\left. + a \operatorname*{Min}_{\substack{y_i(x_i) \\ (i=2,3,\ldots,n)}} \operatorname*{E}_{s_1} \left\{ L_{n-1}(x_2, y_2(x_2), \ldots, y_n(x_n)) \right\} \right\}$$

Nun ist aber

(3.5)
$$\operatorname*{Min}_{\substack{y_i(x_i) \\ (i=2,3,\ldots,n)}} \operatorname*{E}_{s_1} \left\{ L_{n-1}(x_2, y_2(x_2), \ldots, y_n(x_n)) \right\} =$$
$$= \operatorname*{E}_{s_1} \left\{ \operatorname*{Min}_{\substack{y_i(x_i) \\ (i=2,3,\ldots,n)}} L_{n-1}(x_2, y_2(x_2), \ldots, y_n(x_n)) \right\} =$$
$$= \operatorname*{E}_{s_1} \left\{ f_{n-1}(x_2) \right\}$$

so daß

(3.6)
$$f_n(x_1) = \operatorname*{Min}_{y_1(x_1)} \left\{ L_1(x_1, y_1(x_1)) + a \operatorname*{E}_{s_1} \left\{ f_{n-1}(x_2) \right\} \right\}$$

oder

(3.7)
$$f_n(x_1) = \operatorname*{Min}_{y_1(x_1)} \left\{ L_1(x_1, y_1(x_1)) + \right.$$
$$\left. + a \operatorname*{E}_{s_1} \left\{ f_{n-1} \left(\max(y_1(x_1) - s_1, 0) \right) \right\} \right\} =$$
$$= \operatorname*{Min}_{y_1(x_1)} \left\{ L_1(x_1, y_1(x_1)) + \right.$$
$$+ a \int_{-\infty}^{y_1(x_1)} f_{n-1}(y_1(x_1) - s) \varphi(s) ds +$$
$$\left. + a f_{n-1}(0) \int_{y_1(x_1)}^{\infty} \varphi(s) ds \right\}.$$

Gleichung (3.6) stellt eine rekursive Beziehung dar zwischen $f_n(x)$, dem Minimalwert der Kosten von n Perioden, und $f_{n-1}(x)$, dem Mini-

III. Diskussion allgemeiner Eigenschaften der optimalen Politik

malwert der Kosten von $n-1$ Perioden. Diese Relation, die für alle $n = 2, 3, ..$ gilt, definiert zusammen mit dem Anfangsglied

(3.8) $$f_1(x_1) = \min_{y_1(x_1)} L_1(x_1, y_1(x_1))$$

eine Funktionenfolge $\{f_n(x)\}$.

(3.6) gibt unmittelbar Aufschluß über die Struktur der gesuchten optimalen Politik[1], d. h. über die Art der Interdependenz zwischen den auf den einzelnen Stufen anzuwendenden Verhaltensregeln, die in ihrer Gesamtheit die optimale Politik ausmachen. Aus (3.6) ist nämlich ersichtlich, daß die in bezug auf n Perioden optimale Politik unter denjenigen Vektoren $(y_1(x_1), y_2(x_2), \ldots, y_n(x_n))$ zu suchen ist, bei denen die Komponenten $2, 3, .., n$ die in bezug auf $n-1$ Perioden optimale Politik darstellen. Dies ist das von *Bellman* sogenannte Optimalitätsprinzip[2].

Wir können etwas allgemeiner auch so formulieren: Die in bezug auf n Perioden optimale Politik ist unter denjenigen Vektoren $(y_1(x_1), y_2(x_2), \ldots, y_n(x_n))$ zu suchen, deren k letzte Komponenten ($k = 1, 2, .., n-1$) die in bezug auf k Perioden optimale Politik darstellen.

Daraus ergibt sich nun folgender wichtige Sachverhalt: Die auf einer bestimmten Stufe zur Anwendung gelangende Verhaltensregel, die ein Element der in bezug auf einen gegebenen Planungszeitraum optimalen Politik darstellt, ist, was das Zeitmoment anbelangt, lediglich von der Anzahl der noch bevorstehenden Perioden abhängig und unabhängig von der Anzahl der bereits vergangenen Perioden. Mithin ist die im n-Periodenfall auf der Stufe $n-k+1$ anzuwendende Verhaltensregel identisch mit der im m-Periodenfall auf der Stufe $m-k+1$ anzuwendenden Regel ($k = 1, 2, .., \min(n, m)$).

Wir können also bei der Ermittlung der optimalen Politik schrittweise vorgehen. Ist die in bezug auf n Perioden optimale Politik bekannt, dann haben wir damit bereits die im $(n+1)$-Periodenfall auf den Stufen 2 bis $n+1$ anzuwendenden Regeln vorliegen. Wir brauchen also nur noch die

---

[1] Vgl. hierzu: *Bellman:* Dynamic Programming, a. a. O., S. XI.

[2] Die häufig zitierte verbale Fassung dieses Prinzips bezieht sich streng genommen nur auf deterministische Entscheidungsprozesse. Sie lautet:
„An optimal policy has the property that whatever the initial state and initial decision are, the remaining decisions must constitute an optimal policy with regard to the state resulting from the first decision." *Bellman*, Dynamic Programming, a. a. O., S. 83.
Vgl. hierzu ferner: *Bellman:* Adaptive Control Processes, a. a. O., S. 57; *Bellman* und *Dreyfus:* Applied Dynamic Programming, a. a. O., S. 15; *Dreyfus:* Dynamic Programming, a. a. O., S. 217; *Kromphardt, Henn, Förstner,* a. a. O., S. 427 und 434; *Vazsonyi,* a. a. O., S. 253.

2. Die generelle Form der einzelnen Verhaltensregeln

Verhaltensregel der ersten Stufe zu ermitteln. Diese muß so beschaffen sein, daß sie den Ausdruck

(3.9) $$L_1(x_1, y_1(x_1)) + a \underset{s_1}{E}\{f_n(x_2)\}$$

zu einem Minimum macht.

Aus Zweckmäßigkeitsgründen empfiehlt es sich, folgende Bezeichnung einzuführen:

Es sei $y^{(k)}(x)$ generell dasjenige Element einer optimalen Politik, das zu dem Zeitpunkt, in dem noch k Perioden bevorstehen, anzuwenden ist, wobei der Planungszeitraum, in bezug auf den die $y^{(k)}(x)$ als Element enthaltende Politik optimal sein soll, beliebig viele Perioden $n \geq k$ umfassen kann.

Das von uns zu lösende Problem besteht also darin, die Glieder der Folge $\{y^{(n)}(x)\}$ zu bestimmen, deren Bildungsgesetz durch (3.6) festliegt.

Die k ersten Glieder dieser Folge geben, in umgekehrter Reihenfolge angeordnet, die in bezug auf k Perioden optimale Politik wieder.

Sofern Verwechslungen und Irrtümer nicht möglich sind, werden wir uns künftig anstelle von (3.6) der folgenden vereinfachenden Schreibweise bedienen:

(3.10) $$f_n(x) = \underset{y}{\text{Min}} \left\{ L_1(x,y) + a \underset{s}{E}\{f_{n-1}(\max(y-s,0))\} \right\}.$$

Besondere Aufmerksamkeit werden wir im folgenden dem Fall widmen, in dem die Anzahl der Perioden über alle Grenzen wächst. Sofern dabei die durch (3.6) und (3.8) gegebene Folge $\{f_n(x)\}$ konvergiert, hat es offenbar einen Sinn, von einer optimalen Politik in bezug auf einen die gesamte Zukunft umfassenden Planungszeitraum zu sprechen. Dabei ist die Grenzfunktion $f(x)$ Lösung der Funktionalgleichung

(3.11) $$f(x) = \underset{y}{\text{Min}} \left\{ L_1(x,y) + a \underset{s}{E}\{f(\max(y-s,0))\} \right\}$$

und kann interpretiert werden als der Minimalwert der Summe der auf den Planungszeitraum abgezinsten Erwartungswerte der Kosten aller künftigen Teilperioden in Abhängigkeit von der Anfangsausstattung x.

2. Die generelle Form der auf den einzelnen Stufen anzuwendenden Verhaltensregeln

Wir wollen im folgenden einiges über die Form der Verhaltensregeln $y^{(n)}(x)$ aussagen. Wenden wir uns zunächst dem Fall $n = 1$ zu.

III. Diskussion allgemeiner Eigenschaften der optimalen Politik

a) Der Einperiodenfall

Setzen wir zur Abkürzung

(3.12) $$h\int_0^y (y-s)\varphi(s)ds + hy\int_{-\infty}^0 \varphi(s)ds + p\int_y^\infty (s-y)\varphi(s)ds = H_1(y),$$

so ist

(3.13) $$L_1(x,y) = w(y,x) + H_1(y)$$

und

(3.14) $$f_1(x) = \operatorname*{Min}_y \left\{ w(y,x) + H_1(y) \right\}.$$

$H_1(x)$ kann als der (im allgemeinen *nicht* minimale) Erwartungswert der Kosten interpretiert werden, mit dem zu rechnen ist, wenn eine Transferkosten verursachende Anpassung zu Beginn der Periode grundsätzlich unterbleibt. Die Eigenschaften der Funktion $H_1(x)$ sind ausschlaggebend für die Form der Anpassungsregel $y^{(1)}(x)$.

Als erste Ableitung von $H_1(x)$ erhalten wir:

(3.15) $$H_1'(x) = h\int_{-\infty}^x \varphi(s)\,ds - p\int_x^\infty \varphi(s)\,ds.$$

Die zweite Ableitung lautet

(3.16) $$H_1''(x) = (h+p)\varphi(x).$$

Aufgrund unserer Voraussetzung, daß $\varphi(s) > 0$ für alle s, ergibt sich daher, daß

(3.17) $$H_1''(x) > 0 \quad \text{für alle } x \geq 0.$$

$H_1(x)$ ist also eine streng konvexe Funktion, woraus folgt, daß für ein beliebiges reelles k die Gleichung

(3.18) $$H_1'(x) = k \quad \text{für } x \geq 0$$

höchstens eine Lösung x besitzt.

Betrachten wir nun zunächst den Fall, in dem die Gleichungen

(3.19) $$H_1'(x) = -c_1 \quad \text{für } x \geq 0$$

und

(3.20) $$H_1'(x) = c_2 \quad \text{für } x \geq 0$$

tatsächlich jeweils eine Lösung besitzen. Diese Lösungen wollen wir mit t_1 und t_1' bezeichnen.

2. Die generelle Form der einzelnen Verhaltensregeln

Es ist unser Ziel, zu jedem $x \geq 0$ dasjenige y zu finden, das die Funktion $L_1(x, y)$ zu einem Minimum macht. Bei fest vorgegebenem $x = x^*$ ist $L_1(x, y)$ lediglich eine Funktion in y, und zwar ist

(3.21) $$L_1(x^*, y) = \begin{cases} c_1(y-x^*) + H_1(y), & y > x^*, \\ H_1(y), & y = x^*, \\ c_2(x^*-y) + H_1(y), & y < x^*. \end{cases}$$

$L_1(x^*, y)$ berührt $H_1(y)$ an der Stelle $y = x^*$ von oben und hat dort infolge des Knicks der Funktion $w(y, x^*)$ ebenfalls einen Knick. Als erste Ableitung von $L_1(x^*, y)$, die für alle $y \neq x^*$ existiert, erhalten wir:

(3.22) $$\frac{\partial}{\partial y} L_1(x^*, y) = \begin{cases} c_1 + H_1'(y), & y > x^*, \\ -c_2 + H_1'(y), & y < x^*. \end{cases}$$

Lassen wir nun x^* alle Werte von Null bis Unendlich durchlaufen, so erhalten wir eine ganze Schar von Kurven der oben beschriebenen Art. Aufgrund der strengen Konvexität von $H_1(x)$ lassen sich, sofern die Gleichungen (3.19) und (3.20) jeweils eine Lösung besitzen, folgende Aussagen über die Gestalt der Funktionen $L_1(x^*, y)$, $0 \leq x^* \leq \infty$, machen (vgl. Abb. 1).

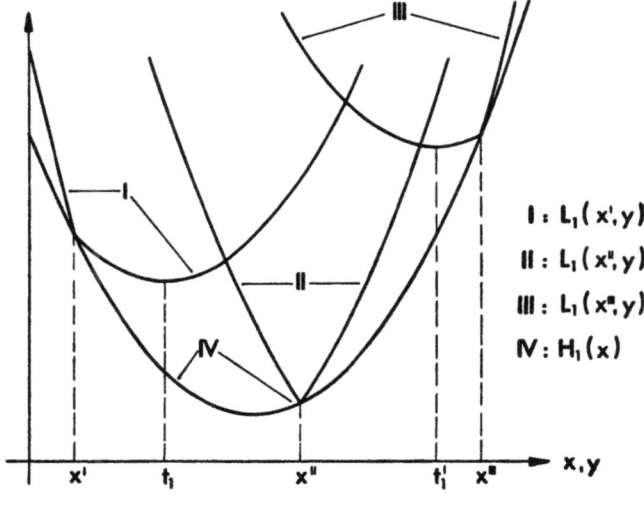

Abb. 1

Es sind drei Fälle zu unterscheiden:
  (1) Der rechte Kurvenast ($y > x^*$) hat ein relatives Minimum.
  (2) Der linke Kurvenast ($0 \leq y \leq x^*$) hat ein relatives Minimum.
  (3) Keiner der beiden Kurvenäste hat ein relatives Minimum.

III. Diskussion allgemeiner Eigenschaften der optimalen Politik

Ein relatives Minimum des rechten Kurvenastes liegt stets an der Stelle $y = t_1$, ein relatives Minimum des linken Kurvenastes stets an der Stelle $y = t'_1$. Sofern ein solches relatives Minimum vorliegt, ist es gleichzeitig das gesuchte absolute Minimum von $L_1(x^*, y)$. Gibt es kein relatives Minimum auf einem der beiden Kurvenäste, dann liegt das absolute Minimum von $L_1(x^*, y)$ an der Stelle $y = x^*$.

Fall (1) tritt ein, wenn $0 \leq x^* < t_1$. Hier ist es vorteilhaft, die Kasse von x^* auf t_1 zu erhöhen.

Fall (2) tritt ein, wenn $x^* > t'_1$. Hier ist es von Vorteil, die Kasse von x^* auf t'_1 zu reduzieren.

Fall (3) ist gegeben, wenn $t_1 \leq x^* \leq t'_1$. Hier ist es offenbar am günstigsten, die Kasse unverändert zu lassen, denn eine Veränderung in jeder der beiden Richtungen verursacht eine Erhöhung der Kosten.

Wir kommen damit zu folgendem Ergebnis: Aus der strengen Konvexität von $H_1(x)$ folgt, daß, wenn t_1 und t'_1 als Lösungen der Gleichungen (3.19) und (3.20) existieren, die Anpassungsregel $y^{(1)}(x)$ folgende generelle Form aufweist. Es ist

$$(3.23) \qquad y^{(1)}(x) = \begin{cases} t_1, & 0 \leq x \leq t_1, \\ x, & t_1 \leq x \leq t'_1, \\ t'_1, & x \geq t'_1. \end{cases}$$

Diese Funktion ist in Abb. 2 graphisch dargestellt.

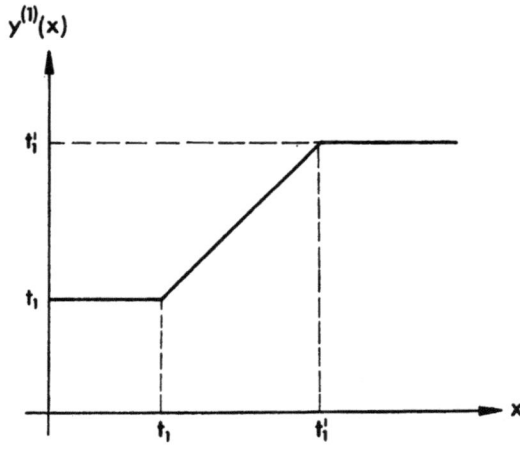

Abb. 2

2. Die generelle Form der einzelnen Verhaltensregeln

Überlegen wir nun, welche Konsequenzen es hat, wenn t_1 als Lösung der Gleichung (3.19) und/oder t_1' als Lösung der Gleichung (3.20) nicht existieren.

Da gemäß (3.15) stets

(3.24) $$\lim_{x\to\infty} H_1'(x) = h > 0 > -c_1,$$

so muß wegen der Stetigkeit von $H_1'(x)$

(3.25) $$H_1'(x) > -c_1 \quad \text{für alle } x \geq 0$$

sein, wenn eine Lösung der Gleichung

(3.19) $$H_1'(x) = -c_1 \quad \text{für } x \geq 0$$

nicht existiert. Mithin ist in diesem Fall

(3.26) $$\frac{\partial}{\partial y}(c_1(y-x) + H_1(y)) > 0 \quad \text{für alle } x \geq 0,$$

so daß

$$y^{(1)}(x) \leq x \quad \text{für alle } x \geq 0.$$

Das bedeutet, daß es niemals von Vorteil ist, die zu Beginn der fraglichen Periode verfügbare Anfangsausstattung zu erhöhen, wie niedrig sie auch immer sein mag.

Wenden wir uns nun dem Fall zu, in dem eine Lösung der Gleichung

(3.20) $$H_1'(x) = c_2 \quad \text{für } x \geq 0$$

nicht existiert. Da wegen (3.15) und (2.11) stets

(3.27) $$H_1'(0) = \frac{1}{2}(h-p) \leq 0 < c_2$$

ist, so ergibt sich aus der Stetigkeit von $H_1'(x)$, daß in diesem Fall

(3.28) $$H_1'(x) < c_2 \quad \text{für alle } x \geq 0$$

und mithin

(3.29) $$\frac{\partial}{\partial y}(c_2(x-y) + H_1(y)) < 0 \quad \text{für alle } x \geq 0,$$

so daß

$$y^{(1)}(x) \geq x \quad \text{für alle } x \geq 0.$$

Das bedeutet, daß es niemals von Vorteil ist, die Anfangsausstattung zu reduzieren, wie hoch sie auch immer sein mag.

Wegen (3.24) und (3.27) gibt es *stets* ein Intervall von x, in dem

$$-c_1 < H_1'(x) < c_2,$$

so daß

$$y^{(1)}(x) = x.$$

III. Diskussion allgemeiner Eigenschaften der optimalen Politik

Daraus ergibt sich folgender wichtiger Sachverhalt: Der Fall, daß, wenn weder (3.19) noch (3.20) eine Lösung besitzen,

$$H'_1(x) < -c_1 \quad \text{für alle } x \geq 0$$

und mithin

$$y^{(1)}(x) \to \infty \quad \text{für alle } x \geq 0,$$

ist unmöglich. Desgleichen kann der Fall nicht eintreten, daß bei Nichtbestehen einer Lösung sowohl von (3.19) als auch von (3.20)

$$H'_1(x) > c_2 \quad \text{für alle } x \geq 0$$

und mithin

$$y^{(1)}(x) = 0 \quad \text{für alle } x \geq 0.$$

Mit anderen Worten: Besitzt weder (3.19) noch (3.20) eine Lösung, dann gilt sowohl (3.26) als auch (3.29), so daß

$$y^{(1)}(x) = x \quad \text{für alle } x \geq 0.$$

Die Anpassungsregel besteht hier also aus der extremen Vorschrift, die Anfangsausstattung ungeachtet ihrer Höhe stets unverändert zu lassen.

Wir wollen im folgenden t_1 nicht nur als Lösung der Gleichung (3.19) auffassen, sondern in einem weiteren Sinne als denjenigen Parameter der Anpassungsregel $y^{(1)}(x)$, der generell den Bereich, in dem $y^{(1)}(x) = x$ ist, nach unten abgrenzt. Ganz analog wollen wir t'_1 nicht nur als Lösung von (3.20), sondern generell als den Parameter von $y^{(1)}(x)$ auffassen, der den Bereich, in dem $y^{(1)}(x) = x$ ist, nach oben abgrenzt.

Dann können wir die bisherigen Ergebnisse wie folgt zusammenfassen: Da

$$H''_1(x) > 0 \quad \text{für alle } x \geq 0,$$

$$\lim_{x \to \infty} H'_1(x) > -c_1$$

und

$$H'_1(0) < c_2,$$

hat $y^{(1)}(x)$ die in (3.23) wiedergegebene Form. t_1 ist dabei entweder Lösung der Gleichung

(3.19) $\qquad H'_1(x) = c_1$

oder, wenn eine solche nicht existiert, gleich Null zu setzen. t'_1 ist entweder Lösung der Gleichung

(3.20) $\qquad H'_1(x) = c_2$

oder, wenn eine solche nicht existiert, gleich Unendlich zu setzen. Damit ist eine wesentliche Verallgemeinerung des Ergebnisses von Seite 30 erzielt.

2. Die generelle Form der einzelnen Verhaltensregeln

Es bleibt jetzt noch die Frage zu klären, *wann* die fraglichen Lösungen tatsächlich existieren. Wegen (3.24) und (3.27) sowie der Stetigkeit von $H_1'(x)$ ist die Existenz der Lösung von (3.19) gesichert, wenn

(3.30) $$p \geq 2c_1 + h,$$

während die Lösung von (3.20) existiert, wenn

(3.31) $$h > c_2.$$

Den Fall, in dem die beiden Lösungen existieren, wollen wir künftig als den „Normalfall" bezeichnen. Es handelt sich dabei um die Situation, in der weder die Beschaffung noch die Anlage liquider Mittel von vorneherein grundsätzlich ausgeschlossen ist.

Wegen (3.23) können wir $f_1(x)$ nunmehr wie folgt wiedergeben. Es ist

(3.32) $$f_1(x) = \begin{cases} c_1(t_1 - x) + H_1(t_1), & 0 \leq x \leq t_1, \\ H_1(x), & t_1 \leq x \leq t_1', \\ c_2(x - t_1') + H_1(t_1'), & x \geq t_1'. \end{cases}$$

Vergleiche hierzu Abb. 3.

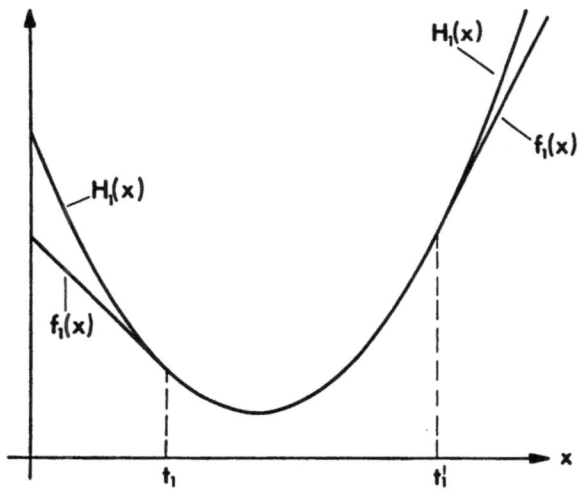

Abb. 3

Die erste Ableitung lautet dann:

(3.33) $$f_1'(x) = \begin{cases} -c_1, & 0 \leq x \leq t_1, \\ H_1'(x), & t_1 \leq x \leq t_1', \\ c_2, & x \geq t_1'. \end{cases}$$

Mithin ist

(3.34) $\qquad -c_1 \leq f_1'(x) \leq c_2$ für alle $x \geq 0$. (Vgl. Abb. 4.)

$f_1'(x)$ ist mit Ausnahme der Stellen $x = t_1$ und $x = t_1'$ stetig differenzierbar. Wir erhalten als zweite Ableitung:

(3.35) $\qquad f_1''(x) = \begin{cases} 0, & 0 \leq x < t_1, \\ H_1''(x) > 0, & t_1 < x < t_1', \\ 0, & x > t_1', \end{cases}$

so daß

(3.36) $\qquad f_1''(x) \geq 0$

für alle nicht negativen $x \neq t_1, t_1'$.

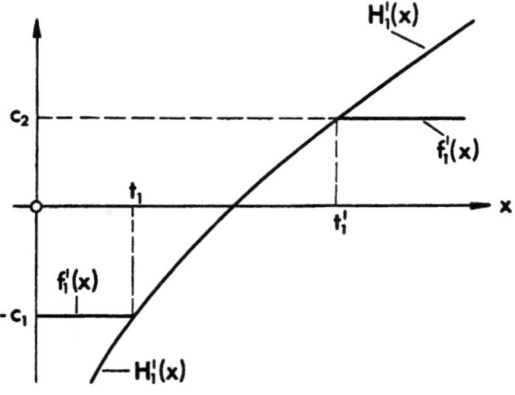

Abb. 4

Es bleibt noch zu bemerken, daß für die eindeutige Determiniertheit der die Anpassungsregel $y^{(1)}(x)$ charakterisierenden Parameter t_1 und t_1' die strenge Konvexität von $H_1(x)$ nicht für den *gesamten* Bereich von x notwendig ist. Für alle x mit $H_1'(x) \neq -c_1$ und $H_1'(x) \neq c_2$ genügt die schwache Konvexität. Dieser Sachverhalt ist, wie man aus (3.16) entnehmen kann, dann von Bedeutung, wenn die Verteilungsdichte $\varphi(s)$ entgegen der bisherigen Annahme für bestimmte Intervalle von s identisch Null ist.

b) Der Mehrperiodenfall

Wir wollen nun dazu übergehen, einiges über die Eigenschaften der Funktionen $y^{(2)}(x)$, $y^{(3)}(x)$, ... auszusagen. Setzen wir in Analogie zu (3.12)

2. Die generelle Form der einzelnen Verhaltensregeln

(3.37)
$$H_n(y) = h \int_0^y (y-s)\varphi(s)\,ds + hy \int_{-\infty}^0 \varphi(s)\,ds +$$
$$+ p \int_y^\infty (s-y)\varphi(s)\,ds + a\,f_{n-1}(0) \int_y^\infty \varphi(s)\,ds +$$
$$+ a \int_{-\infty}^y f_{n-1}(y-s)\varphi(s)\,ds,$$

so ist

(3.38)
$$f_n(x) = \operatorname*{Min}_y \{w(y,x) + H_n(y)\}$$

$H_n(x)$ kann als der Erwartungswert der Kosten von n Perioden interpretiert werden, mit dem zu rechnen ist, wenn in der ersten Periode grundsätzlich keine Anpassung erfolgt und von der zweiten Periode an eine in bezug auf $n-1$ Perioden optimale Politik zum Zuge kommt.

Sofern die Differenzierbarkeit gegeben ist, erhalten wir als erste Ableitung

(3.39)
$$H_n'(x) = h \int_{-\infty}^x \varphi(s)\,ds - p \int_x^\infty \varphi(s)\,ds + a \int_{-\infty}^x f_{n-1}'(x-s)\varphi(s)\,ds$$

und als zweite Ableitung

(3.40)
$$H_n''(x) = (h+p)\varphi(x) + a \int_{-\infty}^x f_{n-1}''(x-s)\varphi(s)\,ds +$$
$$+ a f_{n-1}'(0)\varphi(x).$$

Bezüglich $y^{(n)}(x)$, $n=2,3,..$, läßt sich nun aufgrund der Überlegungen, die wir für $n=1$ angestellt haben, generell folgendes sagen:

Wenn
$$H_n''(x) > 0 \quad \text{für alle } x \geq 0,$$
$$\lim_{x \to \infty} H_n'(x) > -c_1$$

und
$$H_n'(0) < c_2,$$

dann hat $y^{(n)}(x)$ folgende Gestalt. Es ist

(3.41)
$$y^{(n)}(x) = \begin{cases} t_n, & 0 \leq x \leq t_n, \\ x, & t_n \leq x \leq t_n', \\ t_n', & x \geq t_n'. \end{cases}$$

III. Diskussion allgemeiner Eigenschaften der optimalen Politik

t_n ist dabei entweder die Lösung der Gleichung

(3.42) $$H'_n(x) = -c_1$$

oder, wenn eine solche nicht existiert, gleich Null zu setzen. t'_n ist entweder die Lösung der Gleichung

(3.43) $$H'_n(x) = c_2$$

oder, wenn diese nicht existiert, gleich Unendlich zu setzen.

Für $f_n(x)$ erhalten wir dann in Analogie zu $f_1(x)$:

(3.44) $$f_n(x) = \begin{cases} c_1(t_n - x) + H_n(t_n), & 0 \leq x \leq t_n, \\ H_n(x), & t_n \leq x \leq t'_n, \\ c_2(x - t'_n) + H_n(t'_n), & x \geq t'_n. \end{cases}$$

Als erste Ableitung ergibt sich somit

(3.45) $$f'_n(x) = \begin{cases} -c_1, & 0 \leq x \leq t_n, \\ H'_n(x), & t_n \leq x \leq t'_n, \\ c_2, & x \geq t'_n, \end{cases}$$

so daß

(3.46) $$-c_1 \leq f'_n(x) \leq c_2 \quad \text{für alle } x \geq 0,$$

und die zweite Ableitung, die für alle nicht negativen $x \neq t_n, t'_n$ existiert, lautet dann:

(3.47) $$f''_n(x) = \begin{cases} 0, & 0 \leq x < t_n, \\ H''_n(x), & t_n < x < t'_n, \\ 0, & x > t'_n, \end{cases}$$

so daß

(3.48) $$f''_n(x) \geq 0 \quad \text{für alle nicht negativen } x \neq t_n, t'_n.$$

Wir müssen jetzt nur noch beweisen, daß tatsächlich

$$H''_n(x) > 0 \quad \text{für alle } x \geq 0,$$
$$\lim_{x \to \infty} H'_n(x) > -c_1$$

und $$H'_n(0) < c_2$$

für alle $n = 1, 2, \ldots$

Der Beweis erfolgt durch vollständige Induktion. Für $n=1$ haben wir die obigen Relationen bereits bewiesen. Sei nun angenommen, daß für ein bestimmtes n $H_n(x)$ zweimal stetig differenzierbar ist und daß für dieses n die obigen Relationen gelten. Dann hat $y^{(n)}(x)$ die Form (3.41), so daß (3.46) und (3.48) gelten. Mithin ergibt sich:

2. Die generelle Form der einzelnen Verhaltensregeln

(3.49)
$$H''_{n+1}(x) = (h+p) + a\int_{-\infty}^{x} f''_n(x-s)\varphi(s)\,ds +$$
$$+ af'_n(0)\varphi(x) >$$
$$> (h+p-ac_1)\varphi(x).$$

Nun ist aber definitionsgemäß

(2.9)
$$p = c_1 + \pi,$$

so daß sicher

(3.50)
$$h+p > ac_1$$

und daher

(3.51)
$$H''_{n+1}(x) > 0 \quad \text{q. e. d.}$$

Ferner ist gemäß (3.39)

(3.52)
$$H'_{n+1}(0) = \tfrac{1}{2}(h-p) + a\int_{-\infty}^{0} f'_n(-s)\varphi(s)\,ds,$$

so daß wegen (3.46)

(3.53)
$$H'_{n+1}(0) < \tfrac{1}{2}(h-p+ac_2)$$

und mithin wegen (2.11) (vgl. Seite 20)

(3.54)
$$H'_{n+1}(0) < c_2 \quad \text{q. e. d.}$$

Schließlich ist gemäß (3.39)

(3.55)
$$\lim_{x\to\infty} H'_{n+1}(x) = h + a\lim_{x\to\infty}\int_{-\infty}^{x} f'_n(x-s)\varphi(s)\,ds,$$

so daß wegen (3.46)

(3.56)
$$\lim_{x\to\infty} H'_{n+1}(x) > h - ac_1$$

und mithin

(3.57)
$$\lim_{x\to\infty} H'_{n+1}(x) > -c_1 \quad \text{q. e. d.}$$

Damit sind die in (3.41) wiedergegebene Form von $y^{(n)}(x)$ und folglich auch die Relationen (3.44)—(3.48) für alle $n = 1, 2, ..$ bewiesen.

III. Diskussion allgemeiner Eigenschaften der optimalen Politik

Im Falle der Existenz der Lösungen von (3.42) und (3.43) werden wir wieder von dem „Normalfall" sprechen. Wir wollen nun hinreichende Bedingungen angeben, durch deren Gültigkeit der Normalfall von $y^{(n)}(x)$ für alle $n=1, 2, \ldots$ gesichert ist. Aus dem bisher Gesagten ergibt sich, daß (3.42) genau dann eine Lösung besitzt, wenn

(3.58)	$$H'_n(0) \leqq -c_1,$$

und daß (3.43) genau dann eine Lösung besitzt, wenn

(3.59)	$$\lim_{x \to \infty} H'_n(x) > c_2.$$

Der Normalfall von $y^{(n)}(x)$ ist also gesichert, wenn (3.58) und (3.59) gelten. Für (3.58) und (3.59) wollen wir daher hinreichende Bedingungen angeben.

Für (3.58) können wir eine solche Bedingung sofort hinschreiben. Da

$$H'_n(0) < \tfrac{1}{2}(h - p + ac_2) \quad \text{für } n = 1, 2, \ldots,$$

so ist (3.58) sicher dann für alle $n=1, 2, \ldots$ gegeben, wenn

(3.60)	$$p > 2c_1 + h + ac_2.\text{[3]}$$

Was (3.59) betrifft, so behaupten wir, daß diese Relation dann für alle $n=1, 2, \ldots$ gilt, wenn

(3.61)	$$h > c_2.$$

Der Beweis hierfür erfolgt durch vollständige Induktion. Für $n=1$ haben wir die Behauptung bereits bewiesen (vgl. Seite 33). Sei nun angenommen, daß für ein bestimmtes n

$$\lim_{x \to \infty} H'_n(x) > c_2.$$

Dann existiert ein t'_n ($0 < t'_n < \infty$) derart, daß

$$H'_n(t'_n) = c_2$$

und mithin

$$f'_n(x) = c_2 \quad \text{für alle } x \geqq t'_n.$$

---

[3] Anmerkung: (3.60) ist hinreichend dafür, daß eine Beschaffung zusätzlicher Kasse zum Zweck der Aufstockung der Anfangsausstattung grundsätzlich in Frage kommt. Umgekehrt läßt sich eine Bedingung angeben, die hinreichend dafür ist, daß eine solche Beschaffung *niemals* in Frage kommt. Sie lautet:
$$\pi = 0.$$
In diesem Fall ist nämlich $p = c_1$, und wegen $\pi \geqq h \geqq 0$ ist $h = 0$, so daß wegen (3.46)

$$H'_n(0) > -\tfrac{1}{2}(c_1 + ac_1) > -c_1$$

und mithin
$$y^{(n)}(x) \leqq x.$$

Eine Erhöhung der Anfangsausstattung ist also von vornherein ausgeschlossen, wenn eine temporäre Zahlungsunfähigkeit nicht die Verpflichtung zur Zahlung von Verzugszinsen nach sich zieht.

2. Die generelle Form der einzelnen Verhaltensregeln

Daraus folgt:

(3.62)
$$H'_{n+1}(x) = h \int_{-\infty}^{x} \varphi(s)\,ds - p \int_{x}^{\infty} \varphi(s)\,ds +$$
$$+ a \int_{x-t'_n}^{x} f'_n(x-s)\varphi(s)\,ds +$$
$$+ ac_2 \int_{-\infty}^{x-t'_n} \varphi(s)\,ds$$

Nun ist

(3.63)
$$\lim_{x \to \infty} \left(h \int_{-\infty}^{x} \varphi(s)\,ds - p \int_{x}^{\infty} \varphi(s)\,ds \right) = h.$$

Ferner ist wegen (3.46)

(3.64)
$$-c_1 \int_{x-t'_n}^{x} \varphi(s)\,ds < \int_{x-t'_n}^{x} f'_n(x-s)\varphi(s)\,ds < c_2 \int_{x-t'_n}^{x} \varphi(s)\,ds$$

und mithin

(3.65)
$$\lim_{x \to \infty} \int_{x-t'_n}^{x} f'_n(x-s)\varphi(s)\,ds = 0.$$

Schließlich ist

(3.66)
$$\lim_{x \to \infty} \int_{-\infty}^{x-t'_n} \varphi(s)\,ds = 1.$$

Daraus ergibt sich, daß

(3.67)
$$\lim_{x \to \infty} H'_{n+1}(x) = h + ac_2,$$

so daß wegen (3.61)

(3.68)
$$\lim_{x \to \infty} H'_{n+1}(x) > c_2 \quad \text{q. e. d.}$$

Die Bedingungen (3.60) und (3.61) von Seite 38 sind also hinreichend dafür, daß für alle $n = 1, 2, \ldots$ der Normalfall von $y^{(n)}(x)$ gegeben ist.

III. Diskussion allgemeiner Eigenschaften der optimalen Politik

Auch für $H_n(x)$, $n = 2, 3, \ldots$, gilt, was im Falle von $H_1(x)$ bezüglich der Konvexitätseigenschaft gesagt wurde. Die eindeutige Determiniertheit der Parameter t_n und t'_n setzt nicht notwendigerweise die *strenge* Konvexität von $H_n(x)$ für den *gesamten* Bereich von x voraus. Für alle x mit $H'_n(x) \neq -c_1$ und $H'_n(x) \neq c_2$ genügt die *schwache* Konvexität.

Abschließend sei noch auf einen Sachverhalt hingewiesen, der Aufschluß über die Bedeutung der Transferkosten in unserem Modell gibt.

Wenn nämlich
$$c_1 = c_2 = 0,$$
dann ist wegen (3.46)
$$f'_n(x) \equiv 0 \quad \text{für } n = 1, 2, \ldots,$$
mithin
$$H'_n(x) = H'_1(x) = h \int_{-\infty}^{x} \varphi(s)\, ds - p \int_{x}^{\infty} \varphi(s)\, ds, \quad n = 1, 2, \ldots,$$
und folglich
$$y^{(n)}(x) = y^{(1)}(x) = x_o, \quad n = 1, 2, \ldots,$$
wobei x_o Lösung der Gleichung $H'_1(x) = 0$ ist.

Hier spielt die jeweilige Anfangsausstattung x bei der Wahl der kostengünstigsten Kasse $y^{(n)}(x)$ keine Rolle. Darüber hinaus zeigt sich, daß hier die optimale Politik für einen mehrere Perioden umfassenden Planungszeitraum dadurch realisiert wird, daß in jeder Periode die in bezug auf eine Periode optimale Politik zum Zuge kommt. Wir haben es also nicht mehr mit einem dynamischen Programmierungsproblem im eigentlichen Sinne des Wortes zu tun. Hierin kommt nochmals die Tatsache zum Ausdruck, daß sich in unserem Modell erst durch die Existenz der Transferkosten die zeitliche Interdependenz der Zustände auch in den Kosten niederschlägt.

c) Der Fall unendlich vieler Perioden

Es soll nun der Fall betrachtet werden, in dem die Anzahl der in die Planung einbezogenen Teilperioden über alle Grenzen wächst, in dem also der Planungshorizont gewissermaßen „ins Unendliche rückt".

Von der optimalen Politik für den die gesamte Zukunft umfassenden Zeitraum zu sprechen, ist, wie wir bereits an anderer Stelle sagten, nur dann sinnvoll, wenn die Konvergenz der Folge $\{f_n(x)\}$ nachgewiesen werden kann. Die Grenzfunktion
$$f(x) = \lim_{n \to \infty} f_n(x)$$

2. Die generelle Form der einzelnen Verhaltensregeln

stellt dabei den angestrebten Minimalwert der Summe der auf den Planungszeitpunkt abgezinsten Erwartungswerte der Kosten aller künftigen Teilperioden in Abhängigkeit von der zum Zeitpunkt Null verfügbaren Anfangsausstattung x dar.

Aufgrund des Bildungsgesetzes der Folge $\{f_n(x)\}$ ergibt sich, daß die Funktion $f(x)$ im Falle ihrer Existenz Lösung der Funktionalgleichung (3.11) (vgl. Seite 27) ist. Wenn $f(x)$ existiert, so muß es zu jedem $x \geq 0$ *mindestens ein* optimales $y(x)$ geben derart, daß

$$(3.69) \qquad f(x) = L_1(x, y(x)) + a \, \underset{s}{E} \left\{ f\left(\max\left(y(x) - s, 0\right)\right)\right\}$$

Wir werden im Anschluß an den Beweis der Konvergenz von $\{f_n(x)\}$ folgendes zeigen:

Falls es zu jedem x *genau ein* $y(x)$ gibt, so ist

$$(3.70) \qquad y(x) = \lim_{n \to \infty} y^{(n)}(x).$$

(3.70) besagt nicht nur, daß die Folge $\{y^{(n)}(x)\}$ konvergiert, sondern auch, daß die Grenzfunktion mit der Verhaltensregel übereinstimmt, die zur Anwendung gelangt, wenn die Anzahl der bevorstehenden Perioden über alle Grenzen wächst. Dieser keineswegs selbstverständliche Sachverhalt ist bei der praktischen Berechnung der Funktion $y(x)$ von großer Bedeutung (vgl. hierzu Kapitel IV).

An diese Konvergenzbeweise schließt sich eine Diskussion der generellen Form von $y(x)$ an.

(1) Der Beweis der Konvergenz von $\{f_n(x)\}$ ergibt sich wie folgt. Wir zeigen zunächst, daß $f_{n+1}(x) \geq f_n(x)$ für alle $x \geq 0$ und alle $n = 1, 2, \ldots$, und konstruieren dann zu $\{f_n(x)\}$ eine konvergente Majorante.

Sei $K_n(x; y^{(n+1)}, y^{(n)}, \ldots, y^{(2)})$ der Erwartungswert der Kosten der ersten n Perioden, wenn eine in bezug auf $n+1$ Perioden optimale Politik verfolgt wird. Diese Kostengröße unterscheidet sich von $f_{n+1}(x)$ dadurch, daß im ersteren Fall die Kosten der Periode $n+1$ nicht eingerechnet sind. Folglich ist sicher

$$(3.71) \qquad f_{n+1}(x) \geq K_n(x; y^{(n+1)}, y^{(n)}, \ldots, y^{(2)}).$$

Andererseits ist $K_n(x; y^{(n+1)}, y^{(n)}, \ldots, y^{(2)})$ nicht kleiner als $f_n(x)$, da $f_n(x)$ die Kosten von n Perioden darstellt, die aus einer in bezug auf diese n Perioden optimalen Politik resultieren, also

$$(3.72) \qquad K_n(x; y^{(n+1)}, y^{(n)}, \ldots, y^{(2)}) \geq f_n(x).$$

III. Diskussion allgemeiner Eigenschaften der optimalen Politik

Aus (3.71) und (3.72) folgt dann unmittelbar

(3.73) $$f_{n+1}(x) \geq f_n(x) \quad \text{q. e. d.}$$

Wir konstruieren nun eine konvergente Majorante zu $\{f_n(x)\}$. Es sei $m_n(x)$ die Summe der auf den Planungszeitpunkt abgezinsten Erwartungswerte der Kosten von n Perioden, wenn die Anpassungsmaßnahmen folgender Art sind: Die Kasse wird zu Beginn einer jeden Periode auf die Höhe der zum Zeitpunkt Null verfügbaren Anfangsausstattung x gebracht, unabhängig davon, wie hoch die aus der jeweiligen Vorperiode übernommene Kasse ist. Es kann völlig dahingestellt bleiben, ob diese Form der Anpassung, die wir als eine von unendlich vielen Möglichkeiten willkürlich herausgreifen, zufällig die optimale ist oder nicht. In jedem Fall ist

(3.74) $$m_n(x) \geq f_n(x).$$

Zu Beginn der ersten Teilperiode erübrigt sich eine Anpassung, weil gemäß der oben beschriebenen Politik die zufällig vorhandene Anfangsausstattung immer die in allen Perioden anzustrebende ist. Wir erhalten somit folgende Beziehung:

(3.75) $$m_{n+1}(x) - a m_n(x) = h \int_0^x (x-s)\varphi(s)\,ds + hx \int_{-\infty}^0 \varphi(s)\,ds + \\ + p \int_x^\infty (s-x)\varphi(s)\,ds + a c_1 x \int_x^\infty \varphi(s)\,ds + \\ + a c_1 \int_0^x s\varphi(s)\,ds - a c_2 \int_{-\infty}^0 s\varphi(s)\,ds$$

für alle $n = 1, 2, \ldots$ und alle $x \geq 0$, wobei

(3.76) $$m_1(x) = h \int_0^x (x-s)\varphi(s)\,ds + hx \int_{-\infty}^0 \varphi(s)\,ds + \\ + p \int_x^\infty (s-x)\varphi(s)\,ds.$$

Aus (3.75) ergibt sich nun, daß

(3.77) $$m_{n+1}(x) = a^n m_1(x) + \frac{1-a^n}{1-a} C(x),$$

2. Die generelle Form der einzelnen Verhaltensregeln

wenn wir mit $C(x)$ die rechte Seite von (3.75) bezeichnen. (3.77) können wir nun unmittelbar entnehmen, daß $\{m_n(x)\}$ konvergiert.

Aus der Monotonie von $\{f_n(x)\}$ und der Existenz einer konvergenten Majoranten folgt, daß $\{f_n(x)\}$ konvergiert. Die Grenzfunktion $f(x)$ erfüllt (3.11) und ist daher stetig. Die Konvergenz erweist sich damit als eine gleichmäßige in jedem abgeschlossenen Intervall von x.

Setzen wir nun noch in Analogie zu (3.37)

$$(3.78) \quad H(y) = h \int_0^y (y-s)\varphi(s)\,ds + hy \int_{-\infty}^0 \varphi(s)\,ds +$$
$$+ p \int_y^\infty (s-y)\varphi(s)\,ds + af(0) \int_y^\infty \varphi(s)\,ds +$$
$$+ a \int_{-\infty}^y f(y-s)\varphi(s)\,ds,$$

so können wir anstelle von (3.11) in Analogie zu (3.38) schreiben:

$$(3.79) \quad f(x) = \operatorname*{Min}_{y} \{w(y,x) + H(y)\}$$

Aus der Definition von $H_n(x)$ (vgl. Seite 35) und der Konvergenz von $\{f_n(x)\}$ folgt, daß

$$(3.80) \quad H(x) = \lim_{n \to \infty} H_n(x),$$

wobei die Konvergenz wiederum eine gleichmäßige ist.

(2) Mit der Existenz von $f(x)$ ist gleichzeitig bewiesen, daß es zu jedem $x \geq 0$ *mindestens ein* optimales $y(x)$ gibt derart, daß (3.69) erfüllt ist. Wir zeigen nun: Falls es zu jedem x *genau ein* $y(x)$ gibt, das (3.69) erfüllt, so ist

$$(3.70) \quad y(x) = \lim_{n \to \infty} y^{(n)}(x)$$

Setzen wir zunächst

$$(3.81) \quad F_n(y,x) = w(y,x) + H_n(y)$$

und

$$(3.82) \quad F(y,x) = w(y,x) + H(y).$$

III. Diskussion allgemeiner Eigenschaften der optimalen Politik

Dann ist

(3.83) $$f_n(x) = F_n\big(y^{(n)}(x), x\big)$$

und

(3.84) $$f(x) = F(y(x), x).$$

Es ergibt sich nun folgende Abschätzung:

(3.85) $$\big|F(y(x), x) - F(y^{(n)}(x), x)\big| =$$
$$= \big|F(y(x), x) - F_n(y^{(n)}(x), x) +$$
$$+ F_n(y^{(n)}(x), x) - F(y^{(n)}(x), x)\big| \leq$$
$$\leq \big|F(y(x), x) - F_n(y^{(n)}(x), x)\big| +$$
$$+ \big|F_n(y^{(n)}(x), x) - F(y^{(n)}(x), x)\big|$$

Folglich ist

(3.86) $$\big|F(y(x), x) - F(y^{(n)}(x), x)\big| \leq$$
$$\leq \big|f(x) - f_n(x)\big| + \big|H(y^{(n)}(x)) - H_n(y^{(n)}(x))\big|$$

Was den ersten Ausdruck auf der rechten Seite von (3.86) anbelangt, so haben wir bereits bewiesen, daß es zu jedem $\varepsilon > 0$ ein $N(\varepsilon)$ gibt derart, daß

$$\big|f(x) - f_n(x)\big| < \varepsilon,$$

wenn nur $n > N(\varepsilon)$. Um zu zeigen, daß auch der zweite Ausdruck auf der rechten Seite von (3.86) unter jede positive Schranke gebracht werden kann, wenn nur n hinreichend groß gewählt wird, beweisen wir zunächst, daß das Argument $y^{(n)}(x)$ der Funktionen H und H_n bei *festem* x für alle $n = 1, 2, \ldots$ innerhalb eines festen Intervalles gelegen ist. Betrachten wir hierzu die Funktion

(3.39) $$H'_n(x) = h\int_{-\infty}^{x} \varphi(s)\,ds - p\int_{x}^{\infty} \varphi(s)\,ds +$$
$$+ a\int_{-\infty}^{x} f'_{n-1}(x-s)\varphi(s)\,ds$$

Dabei ist der Ausdruck

$$h\int_{-\infty}^{x} \varphi(s)\,ds - p\int_{x}^{\infty} \varphi(s)\,ds$$

2. Die generelle Form der einzelnen Verhaltensregeln

eine streng monoton steigende Funktion und

$$\lim_{x\to\infty}\left(h\int_{-\infty}^{x}\varphi(s)ds - p\int_{x}^{\infty}\varphi(s)ds\right) = h > 0.$$

Folglich gibt es ein $x_0 > 0$ derart, daß

(3.87) $\qquad h\int_{-\infty}^{x}\varphi(s)ds - p\int_{x}^{\infty}\varphi(s)ds > 0 \quad \text{für alle } x > x_0.$

Andererseits ist wegen (3.46)

(3.88) $\qquad \int_{-\infty}^{x} f'_n(x-s)\varphi(s)ds > -c_1 \quad \text{für alle } x \geq 0$
$\qquad\qquad\qquad\qquad\qquad\qquad\qquad\qquad \text{und alle } n = 1, 2, \ldots$

Daraus folgt, daß

(3.89) $\qquad H'_n(x) > -c_1 \quad \text{für alle } x > x_0$
$\qquad\qquad\qquad\qquad\qquad \text{und alle } n = 1, 2, \ldots \text{ und mithin}$

(3.90) $\qquad 0 \leq t_n < x_0 \quad \text{für alle } n = 1, 2, \ldots$

Also ist wegen (3.41)

(3.91) $\qquad 0 \leq y^{(n)}(x) \leq \max(x, x_0) \quad \text{für alle } x \geq 0$
$\qquad\qquad\qquad\qquad\qquad\qquad\qquad \text{und alle } n = 1, 2, \ldots$

Nun wissen wir, daß $\{H_n(x)\}$ in jedem abgeschlossenen Intervall von x gleichmäßig konvergiert. Wegen (3.91) folgt daraus, daß zu jedem $\varepsilon > 0$ ein $N'(\varepsilon)$ existiert derart, daß

(3.92) $\qquad \left| H(y^{(n)}(x)) - H_n(y^{(n)}(x)) \right| \leq$

$$\leq \max_{0 \leq u \leq \max(x, x_0)} \left| H(u) - H_n(u) \right| < \varepsilon,$$

wenn nur $n > N'(\varepsilon)$. Mithin ist wegen (3.86)

$$\left| F(y(x), x) - F(y^{(n)}(x), x) \right| < 2\varepsilon,$$

wenn nur $n > N(\varepsilon), N'(\varepsilon)$, also

(3.93) $\qquad F(y(x), x) = \lim_{n\to\infty} F(y^{(n)}(x), x).$

III. Diskussion allgemeiner Eigenschaften der optimalen Politik

Nun ist definitionsgemäß

$$F(y(x), x) = \operatorname*{Min}_{y} \{w(y, x) + H(y)\}.$$

Sofern es nun zu jedem fest vorgegebenen x nur *ein* $y(x)$ gibt derart, daß $(w(y, x) + H(y))$ zu einem Minimum wird, folgt aus (3.93), daß

(3.70) $$y(x) = \lim_{n \to \infty} y^{(n)}(x).$$

(3) Um über die Form von $y(x)$ etwas aussagen zu können, müssen wir zunächst $H(x)$ näher untersuchen (vgl. hierzu (3.78) auf Seite 43). Wir werden zeigen, daß $H(x)$ stetig differenzierbar ist, daß die Ableitung $H'(x)$ eine streng monoton steigende Funktion darstellt und daß ferner $H'(0) < c_2$ und $\lim_{x \to \infty} H'(x) > -c_1$. Daraus folgt dann, daß $y(x)$ eine zu $y^{(n)}(x)$ analoge Form aufweist.

Die Existenz einer stetigen Ableitung von $H(x)$ beweisen wir, indem wir zeigen, daß die Folge $\{H'_n(x)\}$ gleichmäßig in x konvergiert. Zu diesem Zweck beweisen wir zunächst, daß

(3.94) $$\left| H'_{n+1}(x) - H'_n(x) \right| \geq \left| f'_{n+1}(x) - f'_n(x) \right|$$

für alle $x \geq 0$.

Aus (3.45) ergibt sich, daß

(3.95) $$f'_n(x) = \begin{cases} -c_1, & \text{wenn } H'_n(x) \leq -c_1, \\ H'_n(x), & \text{wenn } -c_1 \leq H'_n(x) \leq c_2, \\ c_2, & \text{wenn } H'_n(x) \geq c_2 \end{cases}$$

für alle $n = 1, 2, \ldots$ Abb. 5 verdeutlicht diesen Zusammenhang. Wir erkennen, daß $f'_n(x)$ aus einer Transformation von $H'_n(x)$ hervorgeht, in der Weise, daß allen Werten von $H'_n(x)$, die nicht größer als $-c_1$ sind, bei $f'_n(x)$ der Wert $-c_1$, und allen Werten von $H'_n(x)$, die nicht kleiner als c_2 sind, bei $f'_n(x)$ der Wert c_2 entspricht, während $H'_n(x)$ bei dieser Transformation unverändert bleibt, soweit die Werte im Intervall $[-c_1, c_2]$ liegen. Betrachten wir nun unter Berücksichtigung dieses Sachverhalts die Ausdrücke $\left| H'_{n+1}(x) - H'_n(x) \right|$ und $\left| f'_{n+1}(x) - f'_n(x) \right|$. Sind $H'_{n+1}(x)$ und $H'_n(x)$ entweder nicht größer als $-c_1$ oder nicht kleiner als c_2, dann ist $\left| f'_{n+1}(x) - f'_n(x) \right| = 0$ und somit zumindest nicht größer als $\left| H'_{n+1}(x) - H'_n(x) \right|$.

2. Die generelle Form der einzelnen Verhaltensregeln 47

Liegen beide Werte im Intervall $[-c_1, c_2]$, dann ist $|H'_{n+1}(x) - H'_n(x)| = |f'_{n+1}(x) - f'_n(x)|$. Liegt der größere der Funktionswerte $H'_{n+1}(x)$ und $H'_n(x)$ oberhalb von c_2 und der kleinere unterhalb von $-c_1$, dann ist $|f'_{n+1}(x) - f'_n(x)| = c_1 + c_2$ und damit kleiner als $|H'_{n+1}(x) - H'_n(x)|$. Die gleiche Relation gilt, wenn von $H'_{n+1}(x)$ und $H'_n(x)$ der größere Wert oberhalb c_2 und der kleinere im Intervall $[-c_1, c_2]$ bzw. der größere Wert im Intervall $[-c_1, c_2]$ und der kleinere unterhalb $-c_1$ liegt. Damit ist (3.94) vollständig bewiesen.

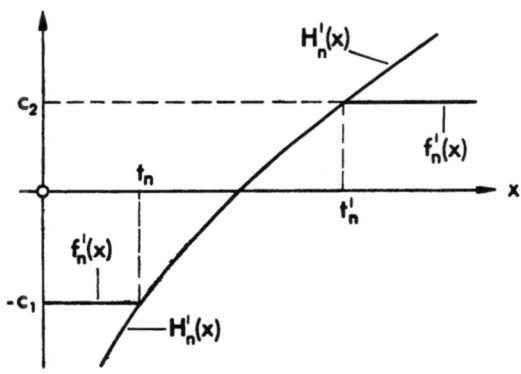

Abb. 5

Unter Berücksichtigung von (3.94) ergibt sich nun folgende Abschätzung. Es ist

(3.96)
$$\left| H'_{n+1}(x) - H'_n(x) \right| \leq$$

$$\leq a \int_{-\infty}^{x} \left| f'_n(x-s) - f'_{n-1}(x-s) \right| \varphi(s) ds \leq$$

$$\leq a \int_{-\infty}^{x} \left| H'_n(x-s) - H'_{n-1}(x-s) \right| \varphi(s) ds.$$

Andererseits ist wegen (3.46) sicher

(3.97) $\qquad \left| f'_{n+1}(x) - f'_n(x) \right| \leq c_1 + c_2 \quad$ für alle $x \geq 0$
$\qquad\qquad\qquad\qquad\qquad\qquad\qquad\qquad$ und $n = 1, 2, ..$

III. Diskussion allgemeiner Eigenschaften der optimalen Politik

Zusammen mit der ersten Ungleichung in (3.96) folgt daraus, daß

(3.98) $$\left| H'_{n+1}(x) - H'_n(x) \right| \leq a(c_1+c_2) \int_{-\infty}^{x} \varphi(s)\,ds <$$

$$< a(c_1+c_2) \quad \text{für alle } x \geq 0 \text{ und } n=1,2,\ldots$$

Damit ist gezeigt, daß für alle $n=1,2,\ldots$

$$\sup_{0 \leq x \leq \infty} \left| H'_{n+1}(x) - H'_n(x) \right|$$

existiert. Mithin ergibt sich aus (3.96), daß

(3.99) $$\left| H'_{n+1}(x) - H'_n(x) \right| \leq$$

$$\leq a \int_{-\infty}^{x} \left| H'_n(x-s) - H'_{n-1}(x-s) \right| \varphi(s)\,ds <$$

$$< a \sup_{0 \leq x \leq \infty} \left| H'_n(x) - H'_{n-1}(x) \right| \int_{-\infty}^{x} \varphi(s)\,ds <$$

$$< a \sup_{0 \leq x \leq \infty} \left| H'_n(x) - H'_{n-1}(x) \right| \quad \text{für alle } x \geq 0 \text{ und } n=1,2,\ldots,$$

wenn wir $H'_0(x) = 0$ setzen.

Insbesondere ist dann

(3.100) $$\sup_{0 \leq x \leq \infty} \left| H'_{n+1}(x) - H'_n(x) \right| <$$

$$< a \sup_{0 \leq x \leq \infty} \left| H'_n(x) - H'_{n-1}(x) \right|.$$

Damit ist gezeigt, daß die Reihe

$$\sum_{k=0}^{n} \left(H'_{k+1}(x) - H'_k(x) \right)$$

gleichmäßig über der positiven rellen Halbachse konvergiert, was gleichbedeutend damit ist, daß die Folge $\{H'_n(x)\}$ gleichmäßig über der positiven reellen Halbachse konvergiert.

2. Die generelle Form der einzelnen Verhaltensregeln

Aus der gleichmäßigen Konvergenz von $\{H'_n(x)\}$ zusammen mit der Stetigkeit der Folgenglieder $H'_n(x)$ folgt die Stetigkeit der Grenzfunktion $H'(x)$.

Aufgrund der gleichmäßigen Konvergenz von $\{H'_n(x)\}$ und der strengen Monotonie der Funktionen $H'_n(x)$ ist zunächst nur die *schwache* Monotonie von $H'(x)$ gesichert, also

(3.101) $\qquad H'(x_2) \geq H'(x_1)$ für $x_2 > x_1$.

Es läßt sich jedoch zeigen, daß auch hier die *strenge* Monotonie gegeben ist. Wir beweisen dies folgendermaßen. Aus (3.94) und (3.96) ergibt sich, daß $\{f'_n(x)\}$ ebenso wie $\{H'_n(x)\}$ gleichmäßig über der positiven reellen Halbachse konvergiert. Zusammen mit (3.46) und (3.48) folgt daraus, daß für die Grenzfunktion $f'(x)$ gilt:

(3.102) $\qquad f'(x_2) \geq f'(x_1)$ für $x_2 > x_1$

und

(3.103) $\qquad -c_1 \leq f'(x) \leq c_2$ für alle $x \geq 0$.

Nun ist aber

(3.104) $\qquad H'(x_2) - H'(x_1) = (h+p)\int_{x_1}^{x_2} \varphi(s)ds +$
$$+ a\int_{-\infty}^{x_1} [f'(x_2-s) - f'(x_1-s)]\,\varphi(s)ds +$$
$$+ a\int_{x_1}^{x_2} f'(x_2-s)\varphi(s)ds,$$

so daß wegen (3.102) und (3.103)

(3.105) $\qquad H'(x_2) - H'(x_1) > (h+p-ac_1)\int_{x_1}^{x_2} \varphi(s)ds$

und wegen (3.50)

(3.106) $\qquad H'(x_2) - H'(x_1) > 0$ für $x_2 > x_1$.

Im übrigen ergibt sich aus (3.103), daß

(3.107) $\qquad H'(0) < \tfrac{1}{2}(h - p + ac_2) < c_2$

und

(3.108) $\qquad \lim_{x \to \infty} H'(x) > h - ac_1 > -c_1$.

III. Diskussion allgemeiner Eigenschaften der optimalen Politik

Aus (3.106), (3.107) und (3.108) folgt dann in vollkommener Analogie zu den Ergebnissen für $y^{(n)}(x)$, daß

(3.109) $$y(x) = \begin{cases} t, & 0 \leq x \leq t, \\ x, & t \leq x \leq t', \\ t', & x \geq t'. \end{cases}$$

Hierbei ist t entweder Lösung der Gleichung

(3.110) $$H'(x) = -c_1$$

oder aber, wenn eine solche nicht existiert, gleich Null zu setzen. t' ist entweder Lösung der Gleichung

(3.111) $$H'(x) = c_2$$

oder, wenn eine solche nicht existiert, gleich Unendlich zu setzen.

Aus (3.109) ist zu entnehmen, daß es zu jedem x genau ein $y(x)$ gibt derart, daß (3.69) erfüllt ist. Die Voraussetzung von (3.70) ist also in unserem Fall gegeben, so daß $y(x)$ Grenzfunktion der Folge $\{y^{(n)}(x)\}$ ist.

Wegen (3.109) können wir nun anstelle von (3.79) auch schreiben:

(3.112) $$f(x) = \begin{cases} c_1(t-x) + H(t), & 0 \leq x \leq t, \\ H(x), & t \leq x \leq t', \\ c_2(x-t') + H(t'), & x \geq t'. \end{cases}$$

Als erste Ableitung von $f(x)$ erhalten wir demzufolge:

(3.113) $$f'(x) = \begin{cases} -c_1, & 0 \leq x \leq t, \\ H'(x), & t \leq x \leq t', \\ c_2, & x \geq t'. \end{cases}$$

Es sollen jetzt noch hinreichende Bedingungen dafür angegeben werden, daß die Gleichungen (3.110) und (3.111) eine Lösung besitzen.

Wegen (3.108) und der Stetigkeit von $H'(x)$ besitzt (3.110) genau dann eine Lösung, wenn

(3.114) $$H'(0) \leq -c_1,$$

und wegen (3.107) und der Stetigkeit von $H'(x)$ besitzt (3.111) genau dann eine Lösung, wenn

(3.115) $$\lim_{x \to \infty} H'(x) > c_2.$$

2. Die generelle Form der einzelnen Verhaltensregeln

Wir werden daher hinreichende Bedingungen für (3.114) und (3.115) angeben. Wie wir wissen, ist die Bedingung (3.60) ($p > 2c_1 + h + ac_2$) hinreichend dafür, daß

(3.58) $\qquad H'_n(0) \leq -c_1 \qquad$ für alle $n = 1, 2, \ldots$.

Aus der gleichmäßigen Konvergenz der Folge $\{H'_n(x)\}$ ergibt sich dann unmittelbar, daß bei Gültigkeit von (3.60) auch

(3.114) $\qquad H'(0) \leq -c_1$.

Wie wir ferner gesehen haben, ist im Falle der Gültigkeit von (3.61) ($h > c_2$)

$$\lim_{x \to \infty} H'_n(x) = h + ac_2 \quad \text{für alle } n = 2, 3, \ldots .$$

und mithin

(3.59) $\qquad \lim_{x \to \infty} H'_n(x) > c_2 \qquad$ für alle $n = 1, 2, \ldots$.

Andererseits wissen wir, daß $\{H'_n(x)\}$ gleichmäßig über der gesamten positiven reellen Halbachse konvergiert, d. h. daß es zu jedem $\varepsilon > 0$ ein $N(\varepsilon)$ gibt derart, daß

$$\sup_{0 \leq x \leq \infty} \left| H'(x) - H'_n(x) \right| < \varepsilon ,$$

wenn nur n größer als $N(\varepsilon)$ gewählt wird. Dann ist aber auch im Falle der Gültigkeit von (3.61)

(3.116) $\qquad \lim_{x \to \infty} H'(x) = h + ac_2 > c_2$.

(3.60) und (3.61) sichern also den Normalfall auf *allen* Stufen des Prozesses, und zwar nicht nur bei endlich vielen Teilperioden, sondern auch dann, wenn die Anzahl der Teilperioden über alle Grenzen wächst. Dabei ist dann wegen (3.70) zusammen mit (3.41) und (3.109)

(3.117) $\qquad t = \lim_{n \to \infty} t_n$

und

(3.118) $\qquad t' = \lim_{n \to \infty} t'_n$.

IV. Explizite Ermittlung der optimalen Politik für den Spezialfall eines gleichverteilten Zahlungssaldos

1. Allgemeine Vorbemerkungen

Nach der Diskussion allgemeiner Eigenschaften der optimalen Politik wollen wir nun dazu übergehen, unter Zugrundelegung einer speziellen Verteilungsdichte des Zahlungssaldos die für die Anpassungsregeln $y^{(n)}(x)$ bzw. $y(x)$ charakteristischen Parameter t_n und t'_n bzw. t und t' explizit zu ermitteln. Dieser Abschnitt dient in erster Linie dem Zweck, an einem speziellen Beispiel aufzuzeigen, wie diese Parameter von den in unser Modell eingegangenen Kostengrößen h, π, c_1 und c_2 abhängen können. Um trotz der Kompliziertheit des Modells zu überschaubaren Ergebnissen zu gelangen, die leicht auf ihre ökonomische Bedeutung hin überprüft werden können, soll eine möglichst einfache Verteilungsfunktion gewählt werden. Wir werden den folgenden Untersuchungen die Gleichverteilung zugrundelegen. Es sei also

$$(4.1) \qquad \varphi(s) = \begin{cases} \dfrac{1}{2a} & \text{für } |s| \leqq a \\ 0 & \text{für } |s| > a \end{cases}$$

mit $a > 0$, beliebig reell.

Eine solche Verteilung ergibt sich für den Saldo beispielsweise dann, wenn die Auszahlungen zwischen 0 und $2a$ gleichverteilt sind und die Einzahlungen mit einer Wahrscheinlichkeit von 1 den Betrag a annehmen.

Die Gleichverteilung scheint auf den ersten Blick ein hinsichtlich der rechnerischen Behandlung besonders günstiger Verteilungstyp zu sein. Das gilt in unserem Fall jedoch nur mit gewissen Einschränkungen. Die für die Ermittlung der Parameter entscheidenden Funktionen $H_n(x)$ und $H(x)$ können hier nicht für den gesamten Definitionsbereich in einer einzigen Formel wiedergegeben werden, und es ist denkbar, daß mit wachsendem n die Zahl der zu unterscheidenden Intervalle sehr groß wird.

Wir werden daher bei den folgenden Ausführungen von einer zusätzlichen Annahme ausgehen, die im Hinblick auf die ökonomische Interpretation den Allgemeinheitscharakter unserer Ergebnisse nur unwesentlich einschränkt, aber bedeutende rechnerische Vereinfachungen

2. Diskussion einiger Besonderheiten 53

ermöglicht. Wie im folgenden gezeigt wird, vereinfacht sich die Berechnung der Parameter wesentlich, wenn wir nur annehmen, daß h nicht nur größer als c_2 (Bedingung (3.61)), sondern auch größer als c_1 ist. Diese Annahme erscheint dann nicht besonders einschränkend, wenn man bedenkt, daß in der Realität c_1 und c_2 nur unwesentlich voneinander abweichen werden.

Die eindeutige Determiniertheit der Parameter ist, wie wir sehen werden, gesichert, obwohl hier

$$\varphi(s) \equiv 0 \quad \text{für } |s| > a$$

und somit

$$H_n''(x) \equiv 0$$

für bestimmte Intervalle von x.

2. Diskussion einiger mit der Gleichverteilung zusammenhängender Besonderheiten

Betrachten wir die Funktionen $H_n(x)$ für den Fall der Gleichverteilung etwas näher. Für $n=1$ ergibt sich

(4.2a) $$H_1(x) = \frac{h}{2a}\int_0^x (x-s)\,ds + \frac{h}{2a}x\int_{-a}^0 ds + \frac{p}{2a}\int_x^a (s-x)\,ds,$$

$$\text{für } 0 \leq x \leq a,$$

und

(4.2b) $$H_1(x) = \frac{h}{2a}\int_0^a (x-s)\,ds + \frac{h}{2a}x\int_{-a}^0 ds = hx - \frac{ha}{4},$$

$$\text{für } x \geq a.$$

Die erste Ableitung lautet demnach

(4.3) $$H_1'(x) = \begin{cases} \dfrac{h}{2a}\int_{-a}^x ds - \dfrac{p}{2a}\int_x^a ds & \text{für } 0 \leq x \leq a, \\ h & \text{für } x \geq a. \end{cases}$$

Und für die zweite Ableitung erhalten wir

(4.4) $$H_1''(x) = \begin{cases} \dfrac{h+p}{2a} & \text{für } 0 \leq x < a, \\ 0 & \text{für } x > a. \end{cases}$$

IV. Die optimale Politik bei gleichverteiltem Zahlungssaldo

Aus (4.3) folgt, daß im Normalfall

(4.5) $$H_1'(a) = h > c_2,$$

woraus sich zusammen mit (4.4) ergibt, daß t_1 und t_1' eindeutig determiniert sind und

(4.6) $$t_1 < t_1' < a.$$

Angenommen, für ein bestimmtes n sei

(4.7) $$\begin{cases} H_n'(a) > c_2, \\ H_n''(x) = \text{const.} > 0 & \text{für } 0 \leq x < a, \\ H_n''(x) \geq 0 & \text{für } x > a. \end{cases}$$

Dann sind t_n und t_n' eindeutig determiniert,

(4.8) $$t_n < t_n' < a,$$

mithin

(4.9) $$-a < x - t_n' < x - t_n < a \quad \text{für } 0 \leq x < a$$

und schließlich

(4.10) $$f_n''(x) = \text{const.} > 0 \quad \text{für } t_n < x < t_n'.$$

Halten wir diese Ergebnisse fest und betrachten wir nun $H_{n+1}(x)$. Es ist

(4.11a) $$H_{n+1}(x) = \frac{h}{2a}\int_0^x (x-s)\,ds + \frac{h}{2a} x \int_{-a}^0 ds +$$
$$+ \frac{p}{2a}\int_x^a (s-x)\,ds + \frac{a}{2a} f_n(0) \int_x^a ds +$$
$$+ \frac{a}{2a}\int_{-a}^x f_n(x-s)\,ds \quad \text{für } 0 \leq x \leq a,$$

(4.11b) $$H_{n+1}(x) = hx - \frac{ha}{4} + \frac{a}{2a}\int_{-a}^a f_n(x-s)\,ds \quad \text{für } x \geq a.$$

2. Diskussion einiger Besonderheiten

Die erste Ableitung lautet

(4.12a) $\quad H'_{n+1}(x) = \dfrac{h}{2a}\displaystyle\int_{-a}^{x} ds - \dfrac{p}{2a}\int_{x}^{a} ds + \dfrac{a}{2a}\int_{-a}^{x} f'_n(x-s)\,ds \quad$ für $0 \leq x \leq a$,

(4.12b) $\quad H'_{n+1}(x) = h + \dfrac{a}{2a}\displaystyle\int_{-a}^{a} f'_n(x-s)\,ds \quad$ für $x \geq a$.

Wegen (4.8) und (4.9) können wir (4.12a) und (4.12b) auch wie folgt schreiben:

(4.13a) $\quad H'_{n+1}(x) = \dfrac{1}{2a}\bigg[h\displaystyle\int_{-a}^{x} ds - p\int_{x}^{a} ds - ac_1\int_{x-t_n}^{x} ds +$

$\qquad\qquad + ac_2\displaystyle\int_{-a}^{x-t'_n} ds + a\int_{x-t'_n}^{x-t_n} f'_n(x-s)\,ds\bigg] \quad$ für $0 \leq x \leq a$,

(4.13b) $\quad H'_{n+1}(x) = h + \dfrac{a}{2a}\bigg[-c_1\displaystyle\int_{x-t_n}^{a} ds + c_2\int_{-a}^{x-t'_n} ds + \int_{x-t'_n}^{x-t_n} f'_n(x-s)\,ds\bigg]$

$\qquad\qquad\qquad\qquad\qquad\qquad\qquad$ für $a \leq x \leq a+t_n$,

(4.13c) $\quad H'_{n+1}(x) = h + \dfrac{a}{2a}\bigg[c_2\displaystyle\int_{-a}^{x-t'_n} ds + \int_{x-t'_n}^{a} f'_n(x-s)\,ds\bigg]$

$\qquad\qquad\qquad\qquad\qquad\qquad\qquad$ für $a+t_n \leq x \leq a+t'_n$,

(4.13d) $\quad H'_{n+1}(x) = h + ac_2 \qquad\qquad\qquad\qquad$ für $x \geq a+t'_n$

Vergleiche hierzu Abb. 6.

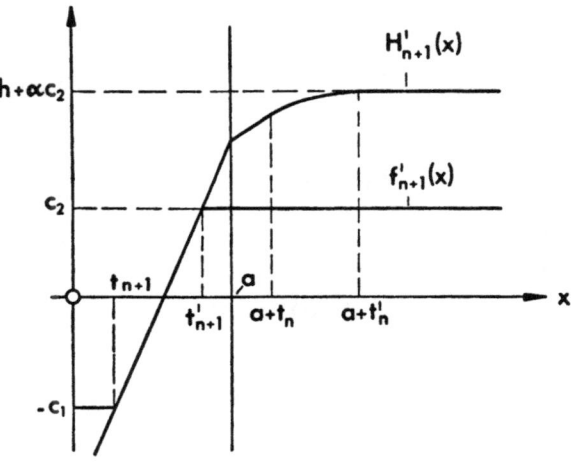

Abb. 6

IV. Die optimale Politik bei gleichverteiltem Zahlungssaldo

Aus (4.13b) folgt nun, daß

(4.14) $$H'_{n+1}(a) = h + \frac{a}{2a}\left[-c_1 t_n + c_2(2a - t'_n) + \int_{t_n}^{t'_n} f'_n(u)\, du\right],$$

mithin wegen (4.8)

(4.15) $$H'_{n+1}(a) > h + \frac{a}{2a}\left[a(c_2 - c_1) + \int_{t_n}^{t'_n} f'_n(u)\, du\right].$$

Betrachten wir nun den zweiten Ausdruck in der eckigen Klammer. Sei u_0 Lösung der Gleichung

$$f'_n(u) = 0.$$

Dann ist wegen (4.10)

(4.16) $$\int_{t_n}^{t'_n} f'_n(u)\, du = \frac{c_2}{2}(t'_n - u_0) - \frac{c_1}{2}(u_0 - t_n) =$$

$$= \frac{c_2}{2}t'_n + \frac{c_1}{2}t_n - \frac{c_1 + c_2}{2}u_0.$$

Andererseits ist wegen (4.10)

(4.17) $$\frac{u_0 - t_n}{c_1} = \frac{t'_n - u_0}{c_2}$$

oder

(4.18) $$u_0(c_1 + c_2) = c_1 t'_n + c_2 t_n.$$

Mithin ist

(4.19) $$\int_{t_n}^{t'_n} f'_n(u)\, du = \frac{1}{2}(c_2 t'_n + c_1 t_n) - \frac{1}{2}(c_1 t'_n + c_2 t_n) =$$

$$= \frac{1}{2}(c_2 - c_1)(t'_n - t_n).$$

Wir müssen nun zwei Fälle unterscheiden. Ist $c_2 \geq c_1$, so folgt aus (4.15) und (4.19) unmittelbar, daß

(4.20) $$H'_{n+1}(a) > h > c_2.$$

Wenn hingegen $c_2 < c_1$, so ist wegen (4.8) und (4.19)

(4.21) $$0 > \int_{t_n}^{t'_n} f'_n(u)\, du > \frac{a}{2}(c_2 - c_1).$$

2. Diskussion einiger Besonderheiten

Unter Berücksichtigung der Annahme, daß

(3.61') $$h > c_1, c_2,$$

ergibt sich aus (4.15) und (4.21):

(4.22) $$\begin{aligned} H'_{n+1}(a) &> h + \tfrac{3}{4}a(c_2-c_1) > \\ &> h + \tfrac{3}{4}a(c_2-h) = \\ &= (1 - \tfrac{3}{4}a)h + \tfrac{3}{4}ac_2 = \\ &= (1 - \tfrac{3}{4}a)c_2 + \tfrac{3}{4}ac_2 + (1 - \tfrac{3}{4}a)(h-c_2) = \\ &= c_2 + (1 - \tfrac{3}{4}a)(h-c_2) > \\ &> c_2 \end{aligned}$$

Wir kommen also zu dem Schluß, daß generell

(4.23) $$H'_{n+1}(a) > c^* > c_2,$$

wenn wir

(4.24) $$c^* = \min\left\{h,\, c_2 + (1 - \tfrac{3}{4}a)(h-c_2)\right\}$$

setzen.

Bilden wir jetzt noch die zweite Ableitung von $H_{n+1}(x)$. Wir erhalten:

(4.25a) $$H''_{n+1}(x) = \frac{1}{2a}(h+p+ac_2) > 0 \quad \text{für } 0 \leq x < a,$$

(4.25b) $$H''_{n+1}(x) = \frac{a}{2a}(c_1+c_2) > 0 \quad \text{für } a < x \leq a+t_n,$$

(4.25c) $$H''_{n+1}(x) = \frac{a}{2a}\left[c_2 - f'_n(x-a)\right] > 0 \quad \text{für } a+t_n \leq x \leq a+t'_n$$

(4.25d) $$H''_{n+1}(x) = 0 \quad \text{für } x \geq a+t'_n.$$

Folglich ist

(4.26) $$\begin{cases} H'_{n+1}(a) > c^* > c_2, \\ H''_{n+1}(x) = \dfrac{1}{2a}(h+p+ac_2) = \text{const.} > 0, \text{ für } 0 \leq x < a, \\ H''_{n+1}(x) \geq 0, \text{ für } x > a, \end{cases}$$

so daß t_{n+1} und t'_{n+1} eindeutig determiniert sind und

(4.27) $$t_{n+1} < t'_{n+1} < a.$$

IV. Die optimale Politik bei gleichverteiltem Zahlungssaldo

Fassen wir die für die folgenden Ausführungen bedeutsamen Ergebnisse zusammen: Wenn

(3.61') $$h > c_1, c_2,$$

dann ist

(4.28) $$\begin{cases} H'_n(a) \geqq c^* > c_2, \; n=1, 2, \ldots, \\ H''_n(x) = \begin{cases} \dfrac{1}{2a}(h+p) > 0, \; n=1 \\ \dfrac{1}{2a}(h+p+ac_2) > 0, \; n \geqq 2 \end{cases} \; 0 \leqq x < a, \\ H''_n(x) \geqq 0 \quad \text{für } x > a \text{ und } n=1, 2, \ldots, \end{cases}$$

so daß t_n und t'_n eindeutig determiniert sind und

(4.29) $$t_n < t'_n < a \quad \text{für alle } n=1, 2, \ldots$$

Wir können uns also bei der Ermittlung der Parameter von vorneherein auf das Intervall $[0,a]$ beschränken. In diesem Intervall ist

(4.30a) $$H'_1(x) = \frac{1}{2a}\left[h(x+a) - p(a-x)\right]$$

und

(4.30b) $$H'_n(x) = \frac{1}{2a}\Big[h(x+a) - p(a-x) - ac_1 t_{n-1} + \\ + ac_2(x - t'_{n-1} + a) + a\int_{t_{n-1}}^{t'_{n-1}} f_{n-1}(u)\,du\Big], \; n \geqq 2,$$

wobei

(4.31) $$\int_{t_n}^{t'_n} f_n(u)\,du = \frac{1}{2}(c_2 - c_1)(t'_n - t_n), \; n=1, 2, \ldots$$

Unter Berücksichtigung der gleichmäßigen Konvergenz von $\{H'_n(x)\}$ ergibt sich aus (4.28), daß

(4.32) $$\begin{cases} H'(a) \geqq c^* > c_2, \\ H''(x) = \dfrac{1}{2a}(h+p+ac_2) > 0, \; 0 \leqq x < a, \\ H'(x_2) \geqq H'(x_1) \quad \text{für } x_2 > x_1 > a. \end{cases}$$

Mithin sind auch t und t' eindeutig determiniert und

(4.33) $$t < t' < a.$$

3. Die Ermittlung der Parameter

Wir sind nun in der Lage, die explizite Ermittlung der für die Anpassungsregeln $y^{(n)}(x)$ bzw. $y(x)$ charakteristischen Parameter t_n und t'_n bzw. t und t' in Angriff zu nehmen. Aus dem bisher Gesagten ergibt sich für $n=1$

$$H'_1(t_1) = \frac{1}{2a}(h+p)t_1 + \frac{1}{2}(h-p) = -c_1$$

und folglich

(4.34) $$t_1 = \frac{a(p-h-2c_1)}{h+p}.$$

Ferner ist

$$H'_1(t'_1) = \frac{1}{2a}(h+p)t'_1 + \frac{1}{2}(h-p) = c_2,$$

mithin

(4.35) $$t'_1 = \frac{a(p-h+2c_2)}{h+p}.$$

Aus (4.34) und (4.35) folgt, daß

(4.36) $$D_1 = t'_1 - t_1 = 2a\frac{c_1+c_2}{h+p}.$$

Für $n \geq 2$ erhalten wir

(4.37) $$H'_n(t_n) = \frac{1}{2a}\left[h(t_n+a) - p(a-t_n) - ac_1 t_{n-1} + \right.$$
$$\left. + ac_2(t_n - t'_{n-1} + a) + a\int_{t_{n-1}}^{t'_{n-1}} f'_{n-1}(u)\,du \right] = -c_1,$$

so daß

(4.38) $$\frac{1}{2a}(h+p+ac_2)t_n = \frac{1}{2}(p-h-2c_1-ac_2) +$$
$$+ \frac{a}{2a}\left[c_1 t_{n-1} + c_2 t'_{n-1} - \int_{t_{n-1}}^{t'_{n-1}} f'_{n-1}(u)\,du\right].$$

IV. Die optimale Politik bei gleichverteiltem Zahlungssaldo

Ferner ist

(4.39) $$H'_n(t'_n) = \frac{1}{2a}\left[h(t'_n+a) - p(a-t'_n) - ac_1 t_{n-1} + \right.$$
$$\left. + ac_2(t'_n - t'_{n-1} + a) + a\int_{t_{n-1}}^{t'_{n-1}} f'_{n-1}(u)\,du\right] = c_2,$$

so daß

(4.40) $$\frac{1}{2a}(h+p+ac_2)t'_n = \frac{1}{2}(p+2c_2-h-ac_2) +$$
$$+ \frac{a}{2a}\left[c_1 t_{n-1} + c_2 t'_{n-1} - \int_{t_{n-1}}^{t'_{n-1}} f'_{n-1}(u)\,du\right].$$

Aus (4.38) und (4.40) ergibt sich unmittelbar, daß

(4.41) $$D_n = t'_n - t_n = 2a\frac{c_1+c_2}{h+p+ac_2} \quad \text{für } n=2, 3, \ldots$$

Also ist

(4.42) $$D_n = t'_n - t_n = 2a\frac{c_1+c_2}{h+p+b_n}, \quad \text{wobei } b_n = \begin{cases} 0, n=1 \\ ac_2, n\geq 2 \end{cases}.$$

Da $\lim_{n\to\infty} t_n = t$ und $\lim_{n\to\infty} t'_n = t'$, so ist

$$t' - t = \lim_{n\to\infty} t'_n - \lim_{n\to\infty} t_n = \lim_{n\to\infty}(t'_n - t_n),$$

mithin wegen (4.42)

(4.43) $$D = t' - t = 2a\frac{c_1+c_2}{h+p+ac_2}.$$

Wir wollen nun die Rekursionsformeln (4.38) und (4.40) näher untersuchen. Aus (4.31) und (4.42) folgt, daß

(4.44) $$\int_{t_n}^{t'_n} f'_n(u)\,du = \frac{a}{h+p+b_n}(c_1+c_2)(c_2-c_1),$$

wobei wiederum

$$b_n = \begin{cases} 0, n=1 \\ ac_2, n\geq 2 \end{cases}.$$

3. Die Ermittlung der Parameter

Mithin ist wegen (4.38)

(4.45)
$$\frac{1}{2a}(h+p+ac_2)t_{n+1} = \frac{1}{2}(p-h-2c_1-ac_2) + \\ + \frac{a}{2a}(c_1 t_n + c_2 t'_n) - \frac{a}{2(h+p+b_n)}(c_1+c_2)(c_2-c_1).$$

Unter Berücksichtigung von (4.42) erhalten wir daher

(4.46)
$$t_{n+1} = \frac{a(c_1+c_2)}{h+p+ac_2} t_n + T_n,$$

wobei

(4.47)
$$T_n = \frac{a}{h+p+ac_2}\left[p - 2c_1 - h - ac_2 + \frac{a(c_1+c_2)^2}{h+p+b_n}\right].$$

Mithin ist

(4.48)
$$t_n = \left[\frac{a(c_1+c_2)}{h+p+ac_2}\right]^{n-2} \cdot t_2 + \frac{\left[\frac{a(c_1+c_2)}{h+p+ac_2}\right]^{n-2} - 1}{\frac{a(c_1+c_2)}{h+p+ac_2} - 1} \cdot T_2$$

für alle $n \geq 2$.

Wegen (3.50) ist

(4.49)
$$\frac{a(c_1+c_2)}{h+p+ac_2} < 1,$$

folglich

(4.50)
$$\lim_{n\to\infty} t_n = t = \frac{1}{1 - \frac{a(c_1+c_2)}{h+p+ac_2}} T_2$$

oder

(4.51)
$$t = \frac{a}{h+p-ac_1}\left[p - 2c_1 - h - ac_2 + \frac{a(c_1+c_2)^2}{h+p+ac_2}\right]$$

Andererseits ergibt sich aus (4.40) und (4.44), daß

(4.52)
$$\frac{1}{2a}(h+p+ac_2) t'_{n+1} = \frac{1}{2}(p+2c_2-h-ac_2) + \\ + \frac{a}{2a}(c_1 t_n + c_2 t'_n) - \frac{a}{2(h+p+b_n)}(c_1+c_2)(c_2-c_1).$$

IV. Die optimale Politik bei gleichverteiltem Zahlungssaldo

Unter Berücksichtigung von (4.42) erhalten wir daher

(4.53) $$t'_{n+1} = \frac{a(c_1+c_2)}{h+p+ac_2} t'_n + T'_n,$$

wobei

(4.54) $$T'_n = \frac{a}{h+p+ac_2} \left[p+2c_2-h-ac_2 - \frac{a(c_1+c_2)^2}{h+p+b_n} \right]$$

Mithin ist

(4.55) $$t'_n = \left[\frac{a(c_1+c_2)}{h+p+ac_2} \right]^{n-2} \cdot t'_2 + \frac{\left[\frac{a(c_1+c_2)}{h+p+ac_2} \right]^{n-2} - 1}{\frac{a(c_1+c_2)}{h+p+ac_2} - 1} T'_2$$

für alle $n \geq 2$

und folglich

(4.56) $$\lim_{n \to \infty} t'_n = t' = \frac{1}{1 - \frac{a(c_1+c_2)}{h+p+ac_2}} T'_2$$

oder

(4.57) $$t' = \frac{a}{h+p-ac_1} \left[p+2c_2-h-ac_2 - \frac{a(c_1+c_2)^2}{h+p+ac_2} \right].$$

4. Die Reaktion der Parameter auf Änderungen der Kostenkomponenten

Um zu sehen, wie die Parameter auf Änderungen der Kostenkomponenten c_1, c_2, h und π reagieren, wollen wir nun die partiellen Ableitungen nach den fraglichen Größen untersuchen. Bei den Abschätzungen werden wir die für die Existenz der Parameter hinreichenden Bedingungen, nämlich

(3.60) $$p > 2c_1 + h + ac_2$$

und

(3.61') $$h > c_1, c_2,$$

benutzen, ohne daß im Einzelfall noch einmal ausdrücklich darauf hingewiesen wird.

4. Die Reaktion der Parameter auf Änderungen der Kostenkomponenten

a) Die partiellen Ableitungen von t_n:

1. Es ist sicher

(4.58) $$\frac{\partial t_n}{\partial c_1} < 0 \quad \text{für } n = 1, 2, \ldots,$$

da $H'_n(t_n) = -c_1$ und $H''_n(x) > 0$ für $0 \leq x < a$.

2. Aus (4.34) folgt, daß

(4.59) $$\frac{\partial t_1}{\partial c_2} = 0,$$

und aus (4.46), daß

(4.60) $$\frac{\partial t_{n+1}}{\partial c_2} = \frac{a(h+p+ac_2) - a^2(c_1+c_2)}{(h+p+ac_2)^2} t_n +$$

$$+ \frac{a(c_1+c_2)}{h+p+ac_2} \cdot \frac{\partial t_n}{\partial c_2} + \frac{\partial T_n}{\partial c_2} \quad \text{für } n = 1, 2, \ldots,$$

wobei

(4.61) $$\frac{\partial T_n}{\partial c_2} = \frac{aa}{(h+p+ac_2)^2} \left\{ \left[-1 + \frac{2(c_1+c_2)(h+p+b_n) - B_n}{(h+p+b_n)^2} \right] (h+p+ac_2) - \right.$$

$$\left. - \left[p - h - 2c_1 - ac_2 + \frac{a(c_1+c_2)^2}{h+p+b_n} \right] \right\},$$

$$\text{mit } B_n = \begin{cases} 0, & n = 1 \\ a(c_1+c_2)^2, & n \geq 2. \end{cases}$$

Für $\frac{\partial T_n}{\partial c_2}$ ergibt sich folgende Abschätzung. Es ist

(4.62) $$\frac{\partial T_n}{\partial c_2} < \frac{aa}{(h+p+ac_2)^2} \left[-(h+p+ac_2) + \right.$$

$$\left. + 2(c_1+c_2) \frac{h+p+ac_2}{h+p+b_n} - \frac{a(c_1+c_2)^2}{h+p+b_n} \right].$$

Mithin ist wegen (4.34) und (4.60)

(4.63) $$\frac{\partial t_2}{\partial c_2} < \frac{-aa}{(h+p+ac_2)^2(h+p)} \left[2(h-c_2)(h+p+ac_2) + \right.$$

$$\left. + a(c_1+c_2)(p-h-2c_1) + a(c_1+c_2)^2 \right],$$

also

(4.64) $$\frac{\partial t_2}{\partial c_2} < 0.$$

IV. Die optimale Politik bei gleichverteiltem Zahlungssaldo

Sei nun für ein bestimmtes $n \geq 2$

$$\frac{\partial t_n}{\partial c_2} < 0.$$

Wegen (4.29) und (4.42) ist

(4.65) $$t_n \leq a - \frac{2a}{h+p+ac_2}(c_1+c_2), \quad n=1, 2, \ldots,$$

so daß unter Berücksichtigung von (4.60) und (4.62)

(4.66) $$\frac{\partial t_{n+1}}{\partial c_2} < -\frac{a^2 a(c_1+c_2)^2}{(h+p+ac_2)^3} < 0 \quad \text{für } n \geq 2.$$

Also ist

(4.67) $$\frac{\partial t_n}{\partial c_2} < 0 \quad \text{für alle } n \geq 2.$$

3. Aus (4.34) ergibt sich, daß

(4.68) $$\frac{\partial t_1}{\partial h} = \frac{2a}{(h+p)^2}(c_1-p) < 0,$$

während aus (4.46) folgt, daß

(4.69) $$\frac{\partial t_{n+1}}{\partial h} = -\frac{a(c_1+c_2)}{(h+p+ac_2)^2} t_n +$$
$$+ \frac{a(c_1+c_2)}{h+p+ac_2} \cdot \frac{\partial t_n}{\partial h} + \frac{\partial T_n}{\partial h},$$

wobei

(4.70) $$\frac{\partial T_n}{\partial h} < 0 \quad \text{für } n = 1, 2, \ldots,$$

wie unmittelbar aus (4.47) zu entnehmen ist.

Sei nun $\frac{\partial t_n}{\partial h} < 0$ für ein bestimmtes n. Dann ist auch wegen (4.69) und (4.70)

(4.71) $$\frac{\partial t_{n+1}}{\partial h} < 0.$$

Also ist

(4.72) $$\frac{\partial t_n}{\partial h} < 0 \quad \text{für alle } n = 1, 2, \ldots.$$

4. Die Reaktion der Parameter auf Änderungen der Kostenkomponenten

4. Die Differentiation von (4.34) und (4.46) nach π ergibt:

(4.73) $$\frac{\partial t_1}{\partial \pi} = a \frac{2(h+c_1)}{(h+p)^2} > 0$$

und

(4.74) $$\frac{\partial t_{n+1}}{\partial \pi} = - \frac{a(c_1+c_2)}{(h+p+ac_2)^2} t_n +$$
$$+ \frac{a(c_1+c_2)}{h+p+ac_2} \cdot \frac{\partial t_n}{\partial \pi} + \frac{\partial T_n}{\partial \pi},$$

wobei

(4.75) $$\frac{\partial T_n}{\partial \pi} = \frac{a}{(h+p+ac_2)^2} \left\{ \left[1 - \frac{a(c_1+c_2)^2}{(h+p+b_n)^2} \right] (h+p+ac_2) - \right.$$
$$\left. - (p - 2c_1 - h - ac_2) - \frac{a(c_1+c_2)^2}{h+p+b_n} \right\},$$

so daß

(4.76) $$\frac{\partial T_n}{\partial \pi} > \frac{a}{(h+p+ac_2)^2} \left[2(h+c_1+ac_2) - \right.$$
$$\left. - 2a \frac{(c_1+c_2)^2}{(h+p)^2} (h+p+ac_2) \right] =$$
$$= \frac{a}{(h+p+ac_2)^2} \left[2(h+c_1+ac_2) - \right.$$
$$\left. - 2a \frac{(c_1+c_2)^2}{h+p} - 2a^2 c_2 \frac{(c_1+c_2)^2}{(h+p)^2} \right] >$$
$$> \frac{a}{(h+p+ac_2)^2} \left[2(h+c_1+ac_2) - \right.$$
$$\left. - a(c_1+c_2) - \frac{1}{2} a^2 c_2 \right] \quad \text{für } n = 1, 2, \ldots .$$

Sei nun $\frac{\partial t_n}{\partial \pi} > 0$ für ein bestimmtes n. Dann ist wegen (4.29), (4.74) und (4.76)

66   IV. Die optimale Politik bei gleichverteiltem Zahlungssaldo

(4.77)
$$\frac{\partial t_{n+1}}{\partial \pi} > \frac{a}{(h+p+ac_2)^2}\left[2(h+c_1+ac_2) - 2a(c_1+c_2) - \frac{1}{2}a^2 c_2\right] >$$
$$> \frac{a}{(h+p+ac_2)^2}(2h - \frac{1}{2}a^2 c_2) > 0,$$

daher

(4.78)
$$\frac{\partial t_n}{\partial \pi} > 0 \quad \text{für alle } n = 1, 2, \ldots$$

b) Die partiellen Ableitungen von t'_n:

1. Aus (4.35) und (4.53) ergibt sich, daß

(4.79)
$$\frac{\partial t'_1}{\partial c_1} = \frac{2a}{(h+p)^2}(h-c_2) > 0$$

und

(4.80)
$$\frac{\partial t'_{n+1}}{\partial c_1} = \frac{a(h+p+ac_2) - a(c_1+c_2)}{(h+p+ac_2)^2} t'_n +$$
$$+ \frac{a(c_1+c_2)}{h+p+ac_2} \cdot \frac{\partial t'_n}{\partial c_1} + \frac{\partial T'_n}{\partial c_1}$$

wobei

(4.81)
$$\frac{\partial T'_n}{\partial c_1} =$$
$$= \frac{a}{(h+p+ac_2)^2}\left\{\left[1 - \frac{2a(c_1+c_2)(h+p+b_n) - a(c_1+c_2)^2}{(h+p+b_n)^2}\right](h+p+ac_2) - \right.$$
$$\left. - \left[p + 2c_2 - h - ac_2 - \frac{a(c_1+c_2)^2}{h+p+b_n}\right]\right\},$$

so daß

(4.82)
$$\frac{\partial T'_n}{\partial c_1} > \frac{2a}{(h+p+ac_2)^2}\left[ac_2 - \frac{a(c_1+c_2)}{h+p}(h+p+ac_2) + \right.$$
$$\left. + \frac{a(c_1+c_2)^2}{h+p+ac_2}\right] \quad \text{für } n = 1, 2, \ldots$$

4. Die Reaktion der Parameter auf Änderungen der Kostenkomponenten

Sei nun $\dfrac{\partial t'_n}{\partial c_1} > 0$ für ein bestimmtes n.

Da wegen (4.29) und (4.42)

(4.83) $$t'_n \gtreqless \frac{2a}{h+p+ac_2}(c_1+c_2),$$

so ist wegen (4.80) und (4.82)

(4.84) $$\frac{\partial t'_{n+1}}{\partial c_1} > \frac{a}{(h+p+ac_2)^3}\left\{\left[a(h+p+ac_2)-a(c_1+c_2)\right]2(c_1+c_2) +\right.$$
$$\left. + 2ac_2(h+p+ac_2) - \frac{2a(c_1+c_2)}{h+p}(h+p+ac_2)^2 + 2a(c_1+c_2)^2\right\} =$$
$$= \frac{2a\alpha c_2}{(h+p+ac_2)^2}\left[1 - \frac{a(c_1+c_2)}{h+p}\right],$$

also

(4.85) $$\frac{\partial t'_{n+1}}{\partial c_1} > 0.$$

Mithin ergibt sich, daß

(4.86) $$\frac{\partial t'_n}{\partial c_1} > 0 \quad \text{für alle } n=1,2,\ldots.$$

2. Es ist sicher

(4.87) $$\frac{\partial t'_n}{\partial c_2} > 0 \quad \text{für alle } n=1,2,\ldots,$$

da $H'_n(t'_n) = c_2$ und $H''_n(x) > 0$ für $0 \leq x < a$.

3. Wegen (4.72) und (4.97) (vgl. hierzu Seite 69) ist

(4.88) $$\frac{\partial t'_n}{\partial h} < 0 \quad \text{für alle } n=1,2,\ldots$$

4. Aus (4.35) und (4.53) folgt, daß

(4.89) $$\frac{\partial t'_1}{\partial \pi} = \frac{2a}{(h+p)^2}(h+c_2) > 0$$

68 IV. Die optimale Politik bei gleichverteiltem Zahlungssaldo

und

(4.90) $$\frac{\partial t'_{n+1}}{\partial \pi} = - \frac{a(c_1+c_2)}{(h+p+ac_2)^2} t'_n +$$
$$+ \frac{a(c_1+c_2)}{h+p+ac_2} \cdot \frac{\partial t'_n}{\partial \pi} + \frac{\partial T'_n}{\partial \pi},$$

wobei

(4.91) $$\frac{\partial T'_n}{\partial \pi} = \frac{a}{(h+p+ac_2)^2} \left\{ \left[1 + \frac{a(c_1+c_2)^2}{(h+p+b_n)^2} \right] (h+p+ac_2) - \right.$$
$$\left. - \left[p+2c_2-h-ac_2 - \frac{a(c_1+c_2)^2}{h+p+b_n} \right] \right\} \geqq$$
$$\geqq \frac{2a}{(h+p+ac_2)^2} \left[h-c_2+ac_2 + \frac{a(c_1+c_2)^2}{h+p+ac_2} \right].$$

Sei nun $\frac{\partial t'_n}{\partial \pi} > 0$ für ein bestimmtes n. Dann ist wegen (4.29), (4.90) und (4.91)

(4.92) $$\frac{\partial t'_{n+1}}{\partial \pi} > \frac{a}{(h+p+ac_2)^2} \left[2(h-c_2) - a(c_1-c_2) + 2\frac{a(c_1+c_2)^2}{h+p+ac_2} \right] >$$
$$> \frac{a}{(h+p+ac_2)^2} \left[2(h-c_2) - a(h-c_2) + 2\frac{a(c_1+c_2)^2}{h+p+ac_2} \right] > 0$$

Also ist

(4.93) $$\frac{\partial t'_n}{\partial \pi} > 0 \quad \text{für alle } n=1, 2, ..$$

c) Die partiellen Ableitungen von D_n:

Die partielle Differentiation von D_n nach den einzelnen Kostenkomponenten führt zu folgenden Ergebnissen. Wegen (4.42) ist

(4.94) $$\frac{\partial D_n}{\partial c_1} = 2a \frac{h+p+b_n-(c_1+c_2)}{(h+p+b_n)^2} > 0,$$

(4.95) $$\frac{\partial D_n}{\partial c_2} = 2a \frac{h+p+b_n-\beta_n(c_1+c_2)}{(h+p+b_n)^2},$$

wobei $\beta_n = \begin{cases} 0, & n=1 \\ a, & n \geqq 2, \end{cases}$

4. Die Reaktion der Parameter auf Änderungen der Kostenkomponenten

also

(4.96) $$\frac{\partial D_n}{\partial c_2} > 0,$$

(4.97) $$\frac{\partial D_n}{\partial h} = -\frac{2a(c_1+c_2)}{(h+p+b_n)^2} < 0,$$

(4.98) $$\frac{\partial D_n}{\partial \pi} = -\frac{2a(c_1+c_2)}{(h+p+b_n)^2} < 0.$$

d) Die partiellen Ableitungen von t:

1. Die partielle Ableitung von (4.51) nach c_1 ist sicher kleiner als Null, da $H'(t) = -c_1$ und $H''(x) > 0$ für $0 \leq x < a$, also

(4.99) $$\frac{\partial t}{\partial c_1} < 0.$$

2. Es ist weiterhin

(4.100) $$\frac{\partial t}{\partial c_2} = \frac{aa}{h+p-ac_1}\left[-1 + \frac{2(c_1+c_2)(h+p+ac_2) - a(c_1+c_2)^2}{(h+p+ac_2)^2}\right],$$

woraus folgt, daß

(4.101) $$\frac{\partial t}{\partial c_2} < 0.$$

3. Aus (4.51) ergibt sich unmittelbar, daß

(4.102) $$\frac{\partial t}{\partial h} < 0.$$

4. Schließlich ist

(4.103) $$\frac{\partial t}{\partial \pi} = \frac{a}{(h+p-ac_1)^2}\left\{\left[1 - \frac{a(c_1+c_2)^2}{(h+p+ac_2)^2}\right](h+p-ac_1) - \right.$$
$$\left. -\left[p - 2c_1 - h - ac_2 + \frac{a(c_1+c_2)^2}{h+p+ac_2}\right]\right\} >$$
$$> \frac{a}{(h+p-ac_1)^2}\left[2(h+c_1) + a(c_2-c_1) - a(c_1+c_2)\right],$$

also

(4.104) $$\frac{\partial t}{\partial \pi} > 0.$$

70   IV. Die optimale Politik bei gleichverteiltem Zahlungssaldo

e) Die partiellen Ableitungen von t':

1. Die partielle Differentiation von (4.57) nach c_1 ergibt

$$(4.105) \quad \frac{\partial t'}{\partial c_1} = \frac{a}{(h+p-ac_1)^2} \Bigg\{ \Bigg[1 - \frac{2a(c_1+c_2)(h+p+ac_2) - a(c_1+c_2)^2}{(h+p+ac_2)^2} \Bigg] (h+p-ac_1) - (1-a)\Bigg[p+2c_2-h-ac_2 - \frac{a(c_1+c_2)^2}{h+p+ac_2} \Bigg] \Bigg\} >$$

$$> \frac{a}{(h+p-ac_1)^2} \Bigg[(h+p-ac_1) - 2a(c_1+c_2) + \frac{a(c_1+c_2)^2}{h+p+ac_2} - (p+2c_2-h-ac_2) + 2a(c_1+c_2) \Bigg] >$$

$$> \frac{a}{(h+p-ac_1)^2} \Bigg[2(h-c_2) - a(c_1-c_2) \Bigg] >$$

$$> \frac{a}{(h+p-ac_1)^2} \Bigg[2(h-c_2) - a(h-c_2) \Bigg],$$

mithin

$$(4.106) \quad \frac{\partial t'}{\partial c_1} > 0.$$

2. Die partielle Ableitung von (4.57) nach c_2 ist sicher größer als Null, da $H'(t')=c_2$ und $H''(x)>0$ für $0 \leq x < a$, also

$$(4.107) \quad \frac{\partial t'}{\partial c_2} > 0.$$

3. Wegen (4.102) und (4.113) (vgl. hierzu Seite 71) ist

$$(4.108) \quad \frac{\partial t'}{\partial h} < 0.$$

4. Die Reaktion der Parameter auf Änderungen der Kostenkomponenten 71

4. Endlich ist

(4.109) $$\frac{\partial t'}{\partial \pi} = \frac{a}{(h+p-ac_1)^2}\left\{\left[1+\frac{a(c_1+c_2)^2}{(h+p+ac_2)^2}\right](h+p-ac_1) - \right.$$

$$\left. - \left[p+2c_2-h-ac_2-\frac{a(c_1+c_2)^2}{h+p+ac_2}\right]\right\} >$$

$$> \frac{a}{(h+p-ac_1)^2}\left[2(h-c_2)-a(c_1-c_2)+\frac{a(c_1+c_2)^2}{h+p+ac_2}\right] >$$

$$> \frac{a}{(h+p-ac_1)^2}\left[2(h-c_2)-a(h-c_2)\right],$$

mithin

(4.110) $$\frac{\partial t'}{\partial \pi} > 0.$$

f) Die partiellen Ableitungen von D:

Da $D=D_n$ für $n \geq 2$, so gelten die Relationen (4.94), (4.96), (4.97) und (4.98) auch für D, also:

(4.111) $$\frac{\partial D}{\partial c_1} > 0,$$

(4.112) $$\frac{\partial D}{\partial c_2} > 0,$$

(4.113) $$\frac{\partial D}{\partial h} < 0,$$

(4.114) $$\frac{\partial D}{\partial \pi} < 0.$$

Die in a)—f) gewonnenen Ergebnisse sind in der folgenden Übersicht zusammengefaßt. Ein positives (negatives) Vorzeichen bedeutet hierbei, daß die betreffende partielle Ableitung größer (kleiner) als Null ist.

IV. Die optimale Politik bei gleichverteiltem Zahlungssaldo

**Übersicht über die Reaktion der Parameter
auf Änderungen der Kostenkomponenten**

partielle Abteilung nach: \ Parameter	t_n, t	t'_n, t'	D_n, D
c_1	−	+	+
c_2	− a)	+	+
h	−	−	−
π	+	+	−

a) Mit der Ausnahme, daß $\dfrac{\partial t_1}{\partial c_2} = 0$.

5. Interpretation der Ergebnisse

Mit den Ergebnissen im 3. und 4. Abschnitt dieses IV. Kapitels sind wir in unseren Untersuchungen einen bedeutsamen Schritt weitergekommen. Im III. Kapitel hatten wir zwei wesentliche Eigenschaften der gesuchten optimalen Kassenhaltungspolitik ermittelt. Im ersten Abschnitt dieses Kapitels hatten wir gezeigt, daß die optimale Politik eine ganz bestimmte zeitliche Struktur aufweist, d. h. daß zwischen den auf den einzelnen Stufen anzuwendenden Verhaltensregeln, die in ihrer Gesamtheit die optimale Politik ausmachen, eine Interdependenz bestimmter Art besteht. Im zweiten Abschnitt hatten wir dann die einzelnen Verhaltensregeln näher untersucht und festgestellt, daß auf jeder Stufe des Entscheidungsprozesses die zugehörige Anpassungsregel durch zwei charakteristische Parameter gekennzeichnet ist[1]. Was diese Parameter anbelangt, so haben wir zwar genau angeben können, wie sie determiniert sind, es ist aber nicht möglich, sie für jede beliebige zulässige Verteilungsdichte des Zahlungssaldos *explizit* als Funktionen dieser Verteilungsdichte sowie der Kostenkomponenten h, π, c_1 und c_2 hinzuschreiben. Das mindert zwar in keiner Weise den Wert der gewonnenen Ergebnisse. Dennoch vermittelt eine explizite Darstellung der fraglichen Parameter einen besseren Einblick in die in unserem Modell gegebenen Zusammenhänge.

Für den Spezialfall der Gleichverteilung des Zahlungssaldos ist uns nunmehr eine explizite Darstellung der Parameter gelungen. Dadurch wurde es möglich, die partiellen Ableitungen nach den einzelnen Kostenkomponenten zu bilden. Anhand der Vorzeichen der partiellen Ablei-

---

[1] Vgl. (3.23) auf Seite 30, (3.41) auf Seite 35 und (3.109) auf Seite 50.

tungen lassen sich einige Aussagen über die Art der Reaktion der Parameter auf Änderungen der Kostenkomponenten machen. Versuchen wir nun, die im 3. und 4. Abschnitt gewonnenen Ergebnisse zu interpretieren.

Zunächst können wir anhand der Formeln (4.34) und (4.46) sowie (4.35) und (4.53) (bzw. (4.51) und (4.57)) ohne weiteres erkennen, daß die Parameter t_n und t'_n (bzw. t und t') proportional sind zu a, dem Parameter der Gleichverteilung. Nun ist aber die mittlere quadratische Abweichung der gleichverteilten Zufallsvariablen s ihrerseits proportional zu a. Für die Varianz der Gleichverteilung ergibt sich nämlich

$$(4.115) \qquad \sigma^2 = E\left\{\left(s - E\{s\}\right)^2\right\} = \frac{1}{2a}\int_{-a}^{a} s^2\, ds = \frac{1}{3} a^2$$

und somit für die mittlere quadratische Abweichung

$$(4.116) \qquad \sigma = \frac{a}{\sqrt{3}}.$$

Wir sehen also, daß die Parameter proportional zur mittleren quadratischen Abweichung des Zahlungssaldos sind. Vergegenwärtigt man sich noch einmal die Gestalt der Anpassungsregeln $y^{(n)}(x)$ und $y(x)$, so erkennt man, daß t_n und t'_n bzw. t und t' den Bereich abgrenzen, in dem die angestrebte optimale Kassenhöhe in jedem Fall zu suchen ist. Die gewonnenen Ergebnisse führen zu der Schlußfolgerung, daß dieser Bereich in positiver Richtung verschoben wird, wenn die mittlere quadratische Abweichung des Zahlungssaldos zunimmt. Das bedeutet, daß die optimale Kassenhöhe bei bestimmten Anfangsausstattungen der fraglichen Stufe ansteigt, in keinem Fall aber geringer wird. Aus der proportionalen Beziehung zwischen t_n und t'_n (t und t') einerseits und a andererseits ergibt sich insbesondere, daß t_n und t'_n (t und t') den Wert Null annehmen, wenn a verschwindet. Das bedeutet, daß eine Kassenreserve ökonomisch sinnlos wird, wenn der stochastische Prozeß der Aus- und Einzahlungen in den trivialen Fall entartet, in dem in jeder Periode der Zahlungssaldo mit Sicherheit Null ist.

Betrachten wir nun die Übersicht von Seite 72. Wir entnehmen ihr, daß t_n und t'_n (t und t') ceteris paribus mit wachsendem Zinssatz h abnehmen, während diese Parameter ceteris paribus steigende Funktionen des Verzugszinssatzes π sind. Steigende Zinsen bewirken also eine Verschiebung des Intervalls, in dem die optimale Kasse liegt, in negativer Richtung, steigende Verzugszinsen hingegen eine Verschiebung in positiver Richtung. Die Länge der Intervalle $[t_n, t'_n]$ und $[t, t']$ nimmt in beiden Fällen ab. Ein Ansteigen des pro Einheit ungenutzter Kasse zu berechnenden Zinses bewirkt also, daß die optimale Kasse bei be-

IV. Die optimale Politik bei gleichverteiltem Zahlungssaldo

stimmten Anfangsausstattungen der fraglichen Stufe kleiner wird als vorher, in keinem Falle aber größer wird, während ein Ansteigen der Verzugszinsen die entgegengesetzte Wirkung zeitigt.

Was nun die Art der Abhängigkeit der Parameter von den Kostenkomponenten c_1 und c_2, den Transferkosten, betrifft, so können wir unserer Übersicht entnehmen, daß $t_n(t)$ eine fallende Funktion sowohl von c_1 als auch von c_2 ist[2], während $t'_n(t')$ eine steigende Funktion beider Größen ist. In Übereinstimmung mit diesen Ergebnissen zeigt sich, daß die Länge der Intervalle $[t_n, t'_n]$ und $[t, t']$ eine steigende Funktion beider Kostenkomponenten ist. Eine Erhöhung der Kosten der Beschaffung wirkt also in der gleichen Richtung wie eine Erhöhung der Kosten der Anlage. Sofern eine Beschaffung zusätzlicher Mittel zum Zwecke der Korrektur der Anfangsausstattung nach der Kostenerhöhung in Frage kommt, ist die Höhe der beschafften Beträge generell geringer als vorher. Sofern eine Anlage eines Teils der Anfangsausstattung nach der Kostenerhöhung in Frage kommt, ist die Höhe der angelegten Beträge ebenfalls generell geringer als vorher. Die Erhöhung der Kosten der Beschaffung bzw. der Anlage vermindert also die Aktivität der Unternehmung auf dem Geldmarkt in beiden Richtungen, soweit es sich um eine Anpassung der jeweiligen Anfangsausstattung für die kommende Periode handelt. Besonders beachtenswert ist die Tatsache, daß die Kosten der Beschaffung die Höhe der anzulegenden Beträge und die Kosten der Anlage die Höhe der zu beschaffenden Beträge beeinflussen.

Zum Schluß wollen wir noch auf folgendes hinweisen. Ist $c_1 = c_2 = 0$, verursachen also die Geldmarkttransaktionen keinerlei Kosten, so ergibt sich aus unseren Endformeln des 3. Abschnitts, daß

(4.117) $$t_n = t'_n = a\frac{\pi - h}{h + \pi} \quad \text{für alle } n = 1, 2, ..$$

und

(4.118) $$t = t' = a\frac{\pi - h}{h + \pi}.$$

Wir finden hier noch einmal an unserem speziellen Beispiel das bestätigt, was wir bereits im III. Kapitel (vgl. Seite 40) für den allgemeinen Fall bewiesen hatten. Erst beim Bestehen von Transferkosten ist die auf einer Stufe des Prozesses anzustrebende Kassenhöhe von der jeweiligen Anfangsausstattung dieser Stufe abhängig. Und erst beim Be-

---

[2] Mit der Ausnahme, daß $\frac{\partial t_1}{\partial c_2} = 0$.

5. Interpretation der Ergebnisse

stehen von Transferkosten wird bei einer Anpassungsmaßnahme, die Bestandteil der optimalen Politik ist, die Frage bedeutsam, auf welcher Stufe des Prozesses wir uns befinden. Wir hatten das an anderer Stelle (vgl. Seite 40) so formuliert: Erst durch die Existenz der Transferkosten schlägt sich die zeitliche Interdependenz der Zustände auch in den Kosten nieder. Es zeigt sich, daß die Transferkosten auch in einem stochastischen Kassenhaltungsmodell eine bedeutsame Rolle spielen. Der Anpassungsprozeß, der aus einem Abwägen der beiden entgegengesetzt wirkenden Risiken des Zinsentgangs und der Verzugszinsen resultiert, wird durch die Transferkosten erheblich modifiziert.

V. Ausblick auf weitere Probleme

Das von uns behandelte Modell kann in mehrfacher Hinsicht abgewandelt werden. Wir wollen hier nur einige Möglichkeiten andeuten.

Eine denkbare Modifikation betrifft die Annahmen über die Eigenschaften des Prozesses der Aus- und Einzahlungen. Wir sind davon ausgegangen, daß der Zahlungssaldo in jeder Periode der gleichen Verteilungsfunktion genügt. Es wäre nun interessant, demgegenüber den Fall zu untersuchen, in dem die Verteilungsfunktion von Periode zu Periode eine andere ist[1]. Dieser Fall hat für uns insofern eine gewisse Bedeutung, als in der Realität etwa der Umfang des Zahlungsverkehrs bestimmten täglichen Schwankungen unterliegen kann, die von den zufälligen Abweichungen wohl zu unterscheiden sind.

Wir haben ferner die Annahme gemacht, daß die Zahlungen zu festen äquidistanten Zeitpunkten auftreten. Nun ist es aber durchaus denkbar, daß neben den Zahlungsbeträgen auch und gerade die Zahlungstermine gewissen Zufallsgesetzen unterliegen. Wir gelangen dann zu stochastischen Prozessen, wie sie von Martin *Beckmann* im Rahmen der Lagerhaltungstheorie[2] und außerhalb der ökonomischen Theorie etwa in der Theorie des kollektiven Risikos[3] behandelt werden.

Ein weiterer Ansatzpunkt zur Abwandlung unseres Modells ist in den Kostenfunktionen zu sehen. So wäre daran zu denken, die Annahme der Proportionalität der Transferkosten aufzugeben und sie durch eine andere zu ersetzen. In Frage käme hier insbesondere eine Kostenfunktion, die neben einer proportionalen eine von der Höhe der Transaktion unabhängige Komponente enthält, wobei letztere nur dann auftritt, wenn überhaupt eine Transaktion vorgenommen wird. Eine solche Kostenfunktion finden wir bereits in den eingangs erwähnten deterministischen Modellen von *Baumol*[4] und *Tobin*[5]. Die Einführung nicht

---

[1] In der Lagerhaltungstheorie gibt es bereits dynamische Programmierungsmodelle mit sich im Zeitablauf ändernder stochastischer Nachfrage; vgl. hierzu: *Karlin*, Dynamic Inventory Policy with Varying Stochastic Demands, a. a. O.

[2] *Beckmann*, An Inventory Model for Arbitrary Interval and Quantity Distributions of Demand, a. a. O.

[3] *Cramér*, Collective Risk Theory, a. a. O., insbesondere Kapitel 3: The Risk Process; S. 18 ff.

[4] *Baumol*, a. a. O., S. 547/548.

[5] *Tobin*, a. a. O., S. 242.

proportionaler Transferkosten führt allerdings im allgemeinen zu wesentlich komplizierteren Verhaltensregeln, als sie in unserem Modell abgeleitet wurden.

Abschließend sei folgendes bemerkt. In unserem Modell wird letztlich nur das Problem der kostengünstigsten Aufteilung der grundsätzlich vorhandenen finanziellen Reserven auf Kasse und Wertpapiere behandelt. Es geht hier um die geeignete Form kurzfristiger Anpassung. Offen bleibt dabei die Frage, wie die Höhe dieser finanziellen Reserven unabhängig von ihrer speziellen Aufteilung langfristig geplant werden soll. Unsere Bemühungen beschränkten sich darauf, eine mögliche Alternative zu dem Ansatz aufzuzeigen, in dem das kurzfristige Liquiditätsproblem unter stochastischen Bedingungen als ein Ruinproblem im Sinne der Wahrscheinlichkeitstheorie aufgefaßt wird. Wir ließen uns dabei von dem Gedanken leiten, daß bei kurzfristigen Liquiditätsproblemen dieser Ansatz nicht unter allen Umständen der adäquate ist. Anders verhält es sich hingegen bei der langfristigen Planung der finanziellen Reserven. Hier scheint uns die Orientierung an einer vorgegebenen Ruinwahrscheinlichkeit weit eher gerechtfertigt. Dieses Problem führt jedoch über unsere Fragestellung hinaus und soll daher hier nicht weiter behandelt werden.

Literaturverzeichnis

(1) *Ackoff*, Russel L. (Herausgeber): Progress in Operations Research, Vol. I, (Publications in Operations Research, Number 5), New York-London 1961.

(2) *Arrow*, K. J., T. *Harris* and J. *Marschak:* Optimal Inventory Policy, Econometrica, Vol. 19, Number 3, July 1951, S. 250—272.

(3) *Arrow*, K. J., S. *Karlin* and H. *Scarf:* Studies in the Mathematical Theory of Inventory and Production; Stanford Mathematical Studies in the Social Sciences, I; Stanford, California, 1958.

(4) *Baumol*, W. J.: The Transactions Demand for Cash: An Inventory Theoretic Approach; Quarterly Journal of Economics, LXVI, 1952, S. 545 bis 556.

(5) *Bellman*, Richard: Dynamic Programming; Princeton, New Jersey, 1957.

(6) *Bellman*, Richard: Adaptive Control Processes: A Guided Tour; Princeton, New Jersey, 1961.

(7) *Bellman*, Richard: A Mathematical Formulation of Variational Processes of Adaptive Type, in: Proceedings of the Fourth Berkeley Symposium on Mathematical Statistics and Probability, Volume I: Contributions to the Theory of Statistics. Edited by Jerzy Neyman, Berkeley and Los Angeles, 1961, S. 37—48.

(8) *Bellman*, Richard and Stuart E. *Dreyfus:* Applied Dynamic Programming, Princeton, New Jersey, 1962.

(9) *Bellman*, R., I. *Glicksberg* and O. *Gross:* On the Optimal Inventory Equation, Management Science, Vol. 2, Number 1, 1955, S. 83—104.

(10) *Beckmann*, Martin: An Inventory Model for Arbitrary Interval and Quantity Distributions of Demand, Management Science, Vol. 8, Number 1, October 1961, S. 35—57.

(11) *Cramér*, Harald: Collective Risk Theory, A Survey of the Theory from the Point of View of the Theory of Stochastic Processes; Skandia Insurance Company, 1955.

(12) *Dernburg*, Thomas F. and Duncan M. *McDougall:* Macro-Economics, The Measurement, Analysis, and Control of Aggregate Economic Activity; New York-Toronto-London, 1960.

(13) *Dvoretzky*, A., J. *Kiefer* and J. *Wolfowitz:* The Inventory Problem: I. Case of Known Distributions of Demand, Econometrica, Vol. 20, Number 2, April 1952, S. 187—222.

(14) *Dvoretzky*, A., J. *Kiefer* and J. *Wolfowitz:* The Inventory Problem: II. Case of Unknown Distributions of Demand, Econometrica, Vol. 20, Number 3, 1952, S. 450—466.

(15) *Edgeworth*, F. Y., Esq., M. A.: The Mathematical Theory of Banking, Journal of the Royal Statistical Society, Vol. LI, Part I, March 1888, S. 113—127.

(16) *Feller,* W.: An Introduction to Probability Theory and its Applications, Vol. I, Second Edition, New York-London 1957.
(17) *Gilbert,* J. C.: The Demand for Money: The Development of an Economic Concept, The Journal of Political Economy, Vol. LXI, April 1953, Number 2, S. 144—159.
(18) *Halm,* George N.: Geld, Außenhandel und Beschäftigung; 3. Auflage, München 1957.
(19) *Hicks,* J. R.: Value and Capital, An Inquiry into Some Fundamental Principles of Economic Theory; Second Edition, Oxford 1946.
(20) *Holt,* C. C., F. *Modigliani,* J. F. *Muth* and H. A. *Simon:* Planning Production, Inventories, and Work Force; Englewood Cliffs, N. J., 1960.
(21) *Howard,* Ronald A.: Dynamic Programming and Markov Processes, New York-London, 1960.
(22) *Johnson,* Harry G.: Monetary Theory and Policy, The American Economic Review, Vol. LII, June 1962, Number 3, S. 335—384.
(23) *Karlin,* Samuel: Dynamic Inventory Policy with Varying Stochastic Demands, Management Science, Vol. 6, Number 3, April 1960. S. 231 bis 258.
(24) *Keynes,* John Maynard: The General Theory of Employment, Interest, and Money; London 1936.
(25) *Kromphardt,* Wilhelm, Rudolf *Henn* und Karl *Förstner:* Lineare Entscheidungsmodelle, Berlin-Göttingen-Heidelberg, 1962.
(26) *Patinkin,* Don: Money, Interest, and Prices; Evanston, Illinois — White Plains, New York, 1956 (Neudruck 1962).
(27) *Rényi,* A.: Wahrscheinlichkeitsrechnung; mit einem Anhang über Informationstheorie; Berlin 1962.
(28) *Riley,* Vera and Saul I. *Gass:* Linear Programming and Associated Techniques; A Comprehensive Bibliography on Linear, Nonlinear, and Dynamic Programming; Chevy Chase, Maryland, 1958.
(29) *Samuelson,* Paul A.: Foundations of Economic Analysis, Cambridge Mass. 1947 (1961) (Harvard Economic Studies Volume LXXX).
(30) *Sasieni,* Maurice, Arthur *Yaspan* und Lawrence *Friedman:* Methoden und Probleme der Unternehmensforschung, Würzburg 1962.
(31) *Schlesinger,* Karl: Theorie der Geld- und Kreditwirtschaft, München und Leipzig 1914.
(32) *Schmetterer,* Leopold: Die Risikotheorie in der Versicherungsmathematik, Statistische Vierteljahresschrift, Band IX, 1956, Heft 1 S. 1—15 und Heft 2 S. 47—63.
(33) *Schneider,* Erich: Einführung in die Wirtschaftstheorie, 3. Teil: Geld, Kredit, Volkseinkommen und Beschäftigung, 6. Auflage, Tübingen 1961.
(34) *Stützel,* Wolfgang: Volkswirtschaftliche Saldenmechanik, Ein Beitrag zur Geldtheorie, Tübingen 1958.
(35) *Tobin,* James: The Interest-Elasticity of Transactions Demand for Cash; The Review of Economics and Statistics, Vol. XXXVIII, August 1956, Number 3, S. 241—247.
(36) *Whitin,* Thomson M.: The Theory of Inventory Management; Princeton, New Jersey, Second Edition, 1957.
(37) *Vazsonyi,* Andrew: Scientific Programming in Business and Industry, New York-London 1961.

MIX
Papier aus verantwortungsvollen Quellen
Paper from responsible sources
FSC® C105338

Printed by Libri Plureos GmbH
in Hamburg, Germany